SHERLOCK HOLMES'

BEAT THE CLOCK
설록 홈즈 두뇌 퍼즐

SHERLOCK HOLMES

BEAT THE CLOCK

셜록 홈즈 두뇌 퍼즐

타이머를 설정하라! 명탐정을 이길 수 있을까?

댄 무어 지음 | 최경은 옮김

문예춘추사

셜록 홈즈 두뇌 퍼즐

초판 1쇄 발행   2022년 11월 30일
초판 2쇄 발행   2025년 1월 30일

지 은 이   댄 무어
옮 긴 이   최경은
펴 낸 이   한승수
펴 낸 곳   문예춘추사

편   집   이상실
디 자 인   박소윤
마 케 팅   박건원, 김홍주

등록번호   제300-1994-16
등록일자   1994년 1월 24일

주   소   서울특별시 마포구 동교로 27길 53, 309호
전   화   02 338 0084
팩   스   02 338 0087
메   일   moonchusa@naver.com

I S B N   978-89-7604-557-7 03690

CONTENTS

★ ★ ★

들어가는 말

★★★

아서 코난 도일 경이 창조한 가상의 탐정, 셜록 홈즈는 오랜 시간을 우리와 함께한 유명한 문학적 인물 중 한 명이다. 책으로 접했든 그의 장편 및 단편 소설을 각색한 TV나 영화를 봤든, 우리는 모두 셜록 이라는 이름에 친숙하고 그가 탐정이라는 것도 알고 있다. 나 역시 그러 한데 이번 책의 퍼즐을 연구하고 집필하는 과정에서 다시 소설을 펼쳐 들었더니 새삼 재미있게 읽혔다.

원작에 나오는 또 다른 등장인물로 대중문화에 이름을 널리 알린 사 람은 단연코 존 왓슨 박사이다. 그는 셜록의 믿음직한 친구이자 조 력자로서 온갖 특이한 사건들을 해결해가는 셜록의 모험과 성공을 연대순으로 기록한다. 셜록의 성공적인 수사는 사건을 담당하는 경 찰관과 극명한 대조를 이룬다. 셜록은 이 경찰관들을 늘 낮게 평가 하는데, 셜록이 논리와 수평적 사고의 오묘한 조합으로 독보적인 성 공을 꾀하는 반면 이들은 범죄 사실을 액면 그대로 받아들여 성급한 결론을 내리는 실수를 범하기 때문이다.

원작의 여러 이야기에 나오는 등장인물과 장면이 수시로 언급되므 로 내용을 잘 알고 있으면 정답을 찾는 데 도움이 될 수 있다. 그러나 내용을 아는 것이 퍼즐을 풀기 위한 필수 조건은 아니므로 원작을 모른다 해도 걸림돌이 되지는 않을 것이다.

이 책에 나오는 퍼즐은 하나하나가 독립적이기 때문에 내키는 순서대로 풀면 된다. 유형은 수학, 수평적 사고, 문제 해결, 논리, 인지 및 기억력 범주로 나뉜다.

이 책에 도입한 새로운 특징은 퍼즐마다 제한 시간을 둔 것이다. 가장 짧은 30초부터 1분, 2분, 5분, 10분이 있다. 촉박하게 조여오는 제약을 즐기는 스타일이라면 스릴감을 만끽할 수 있을 것이다. 제시된 시간에 맞춰 풀거나 더 빨리 풀었다면 아낌없는 박수를 보낸다! 만약 여유롭게 풀어나가는 게 더 나으면 제한 시간을 무시하고 원하는 속도대로 풀면 된다.

고난도의 문제가 두 개 있다. 여기에는 시간제한이 없다. 해답은 맨 뒷면의 페이지에 있다. 그 외 모든 퍼즐의 답은 페이지 순서대로 해답 편에 실려 있다. 대부분 답은 하나지만 수평적 사고의 경우 다양한 답이 나올 수 있으므로 뒤에 있는 답은 한 가지 제안일 뿐이다. 그러므로 다르지만 똑같이 훌륭한 답이 얼마든지 나올 수 있다. 풀이에 관해서는 너도밤나무 숲에서 셜록이 한 조언으로 마무리 짓는 것이 좋겠다.

> "범죄는 흔하지만 논리적으로 접근하는 경우는 드물거든. 그러니 자네는 범죄보다는 논리 자체에 천착해야 한다네."

퍼즐을 풀고, 그 과정에서 논리력이 성장하는 기쁨을 누리길 바란다.

블라인드 데이트

문제 해결

★ ★ ★

셜록이 궁지에 빠졌다! 한 의뢰인이 셜록과 소통하고 싶어 하면서도 편지를 보내거나 주소 알리기를 거부했다. 대신 홈즈를 부르기 위해 개인택시를 보냈고 출발하기 전에 눈을 가려 달라고 했다. 홈즈는 이것이 그의 적수가 정교하게 꾸민 계략일지도 모른다는 의심을 품고 마음 속으로 택시의 움직임을 추적할 계획을 세운다. 택시 주행이 끝날 무렵 자신이 하나의 연결된 고 리 모양으로 달려왔다는 것을 깨달았다. 그는 적수들의 목적이 자신을 거주지인 베이커 가에서 한동안 벗어나 있게 하려는 것이 결국 맞았다는 확신이 들었다.

당신은 그리드를 이용해서 셜록을 태우고 하 나의 큰 고리 모양으로 운행한 택시의 경로를 재구성할 수 있는가? 각 정사각형마다 택시가 들렀는지 확인하는 작업을 해야 한다. 택시는 정사각형을 관통하여 직진할 수 있고, 그 안에 서 직각으로 돌 수 있고, 또는 웅덩이 때문에 전혀 들르지 않을 수도 있다. 화살표와 숫자가 적힌 정사각형은 화살표 방향에 웅덩이가 있 는 정사각형의 개수를 나타낸다. 그곳은 택시 가 지나가면 안 되는 곳이므로 진하게 칠하고 넘어간다. 웅덩이가 있는 정사각형은 가로든 세로든 서로 닿을 수 없다. 그러므로 웅덩이 주 변의 모든 정사각형은 고리의 일부가 될 것이 다. 화살표로 표시되지 않은 웅덩이도 있으므

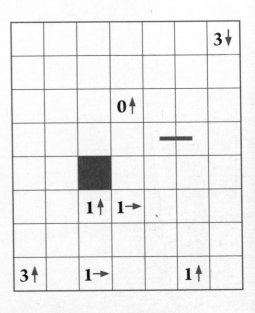

로 퍼즐을 풀며 알아내야 한다. 진하게 색칠된 칸이 경로의 시작점(이자 종착점)이다.

사라진 닭

수학

★ ★ ★

왓슨은 주말 동안 도시의 고단한 일상에서 벗어나 시골 농가에 머물며 휴식을 취했다. 농가 주인이 평소의 유쾌한 성격과 다르게 이번에는 단단히 뿔이 나 있다. 왓슨이 이유를 묻자 농부는 매일 밤 닭을 죽이는 여우와 소모적인 싸움을 하고 있고, 아무리 망을 봐도 소용이 없다고 했다.

첫날 여우는 닭 네 마리를 잡아갔다. 다음 날은 다섯 마리, 그다음 날은 여덟 마리, 아홉 마리, 열두 마리, 열세 마리를 차례로 잡아갔다. 그다음 날 여우는 몇 마리의 닭을 잡아갈 것인가?

붉은-머리의 남자

논리

★ ★ ★

신비에 싸인 붉은-머리 연맹은 신규 회원을 모집하기 시작했다. 신청서는 수없이 접수되었는데 이를 처리할 인력이 부족해 본부에서 일부 신청자의 인적 사항이 뒤죽박죽 섞였다. 아래는 세부 내용을 드문드문 기억하는 한 회원이 알려준 단서이다. 이 단서로 각 신청자의 머리색과 직업을 추론할 수 있겠는가? 머리색은 밝은 주황색, 불타는 빨간색, 짙은 고동색이 있으며, 직업은 순서 상관없이 의사, 조수, 전당포 주인이라고 한다. 머릿속으로 푼 다음 아래 표에 바로 답을 적어보자.

"저는 자베즈 윌슨이 조수가 아니라고 확신해요. 그가 자기 밑에서 일하는 사람들이 있다고 말한 것을 기억하거든요. 마찬가지로 던컨 로스는 전당포 주인이 아니에요. 숫자에 약하기 때문이지요. 빈센트 스폴딩과 로스는 둘 다 붉은 머리를 하고 있었지만 불타는 정도는 아니었고, 스폴딩이 자기가 환자를 치료하는 병원에서 일한다고 말했던 것이 기억나네요. 그의 머리색이 밝은 주황색이 아니었던 것은 확실해요."

이름	머리색	직업
던컨 로스		
자베즈 윌슨		
빈센트 스폴딩		

5-MINUTE PUZZLE

그림펜 늪지대
문제 해결

★ ★ ★

" **저** 곳이 그림펜 늪지대입니다." 그가 말했다. "한 발자국이라도 잘못 내디디면 사람이건 짐승이건 저승길로 가는 거지요. 바로 어제 황야의 조랑말이 저 안으로 걸어 들어가는 것을 보았습니다. 그게 마지막이었어요."

홈즈와 왓슨이 그림펜 늪지대에서 살아남아 버스커빌 가문의 사냥개 미스터리를 풀려면 신중하게 발걸음을 디뎌야 한다. 당신은 아래 그리드를 이용하여 이 두 사람이 밟지 말아야 하는 늪 웅덩이를 파악하고 표시할 수 있는가?

숫자는 대각선을 포함한 주변에 늪 웅덩이가 있는 정사각형의 개수를 나타낸다. 숫자가 들어 있는 정사각형에는 늪 웅덩이가 없다. 다음은 그들이 보고 기록한 내용 중 일부이다.

					1		2		0
	2		3				4		
			2						
1		2	2		3				1
	3		3			1	1		1
		2					0	1	
	1				2	2			
			1					1	
		2			1		0		1
1	2								

2-MINUTE PUZZLE

어디 있는가, 왓슨?

인지

★ ★ ★

의 문의 편지 한 통이 베이커 가 221B번지 대문 밑으로 은밀히 미끄러져 들어왔다. 안에는 흥미진진한 내용이 담겨 있었고 잔뜩 들뜬 셜록 홈즈는 바로 수사를 개시하고 싶었다. 하지만 이 사건은 두 사람이 보조를 맞춰야 하는 일이라 친구 왓슨의 도움이 필요했다. 하필 이럴 때 왓슨이 보이지 않았다. 당신은 아래 글자 그리드에 숨겨진 "왓슨Watson"이라는 단어를 찾을 수 있는가? 한 번만 나타나며 가로, 세로 또는 대각선으로 놓여 있을 수 있고 정방향 혹은 역방향으로 읽을 수 있다.

왓슨 WATSON

```
W W W S        O A O O        S W N T
A O A S        A O O O        A S T A
T A T T        W S O O        O A T N
S O O O        W T A A        W O W W
A A N N        A A T T        O A N S
N T S T        A W S S        A O W T
W W O A        A W A N        W O A O
A N T S        N W A W        N W O S
A N N N        A S O T        A T O A
S W W S        W N S A        A O A N
T O W O A S N S W A W W T W T O T N O O
S W A T S O T S W W S S T T S S W S A N
S O A N O W T N O T S A W T T A T S A S
W N A W N S T S O S O S A T S A A W T O
T W T N W W S O S A N A W T W S A W A O
```

2-MINUTE
PUZZLE

고삐를 꽉 잡아

기억력

★ ★ ★

아 래는 웨식스 컵에 출전하는 말 목록이 적힌 참가 카드이다. 1분 동안 카드 내용을 잘 살펴본 다음 다시 보지 않고 아래의 질문에 답해보자.

---

1) 워들로 대령의 퍼길리스트 (분홍색 모자, 파란색과 검은색 재킷)

2) 백워터 경의 데스버러 (노란색 모자와 소매)

3) 로스 대령의 실버 블레이즈 (검은색 모자, 빨간색 재킷)

4) 발모랄 공작의 아이리스 (노란색과 검은색 줄무늬)

5) 싱글포드 경의 래스퍼 (보라색 모자, 검은색 소매)

질문

1) 실버 블레이즈를 소유한 사람은 누구인가?

2) 어떤 말에 분홍색 모자를 쓴 기수가 있는가?

3) 다섯 번째 출발지에 있는 말을 소유한 사람은 누구인가?

4) 기수가 노란색과 검은색 줄무늬를 입은 말을 소유한 사람은 누구인가?

5) 백워터 경의 말의 이름은 무엇이었는가?

10-MINUTE
PUZZLE

셜록 경의 작위 수여

문제 해결

★ ★ ★

빅토리아 시대의 영국에서 셜록 홈즈는 범죄 해결에 많은 공을 세웠기 때문에 왓슨은 그를 기사 작위 후보로 추천하기로 결정했다. 기사이긴 기사인데 종류가 다른 체스 기사가 나오는 이 퍼즐을 풀어보겠는가? 기사는 가로 두 칸에 이어 세로로 한 칸 이동하고, 또는 세로 두 칸에 이어 가로로 한 칸 이동할 수 있다. 그리고 모든 정사각형을 정확히 한 번씩 거쳐야 한다. 시작이 수월하도록 기사의 출발 지점과 도착 지점을 진하게 표시했으며 중간 단계에 번호를 매겼다. 빈 정사각형에 1~100의 숫자를 올바르게 적어서 나머지 경로를 추론할 수 있는가?

25	84			23	80	43		21	18
28	3				1			42	
		85							20
	29			96			77	14	
			92	75	98	63	94		
	5	68		90		76	73		13
	66	89	60						
	33			65	100	70	49		39
57	54	35	8		52		10	47	
								38	

문에서 문으로

논리

★ ★ ★

어느 늦은 밤 홈즈와 왓슨은 범인이 애비 스트리트에 있는 노란색 대문 집에 숨어 있다는 제보를 받고 추적에 나섰다. 그러나 새로 설치된 가로등이 고장 난 바람에 깜깜한 어둠 속에서 어느 집이 어느 집인지 구별이 안 되었다. 그들은 길 건너편에서 거리를 주시하고 있다가 서로 가까이 있는 일곱 집 중 한 집으로 범위를 좁혔다. 당신은 아래 단서를 이용하여 그들이 보는 지점에서 각 대문 색깔을 파악하여 노란색 대문 집을 정확히 집어낼 수 있는가? 대문 색깔은 순서에 상관없이 갈색, 초록색, 빨간색, 흰색, 검은색, 노란색, 파란색이다.

> 마지막 집(일곱 채 중 가장 오른쪽)의 문 색깔은 갈색, 검은색, 또는 파란색 중 하나였다.
> 가장 어두운 색의 문은 한가운데에 있는 집이었다.
> 빨간색 문은 파란색 문에서 오른쪽으로 두 번째에 있는 집이다.
> 노란색과 파란색이 섞인 색은 검은색 문이 있는 집 옆집 문에 칠해져 있다.
> 이 중 가장 밝은 색이 두 번째 문(가장 왼쪽에서 첫 번째)에 칠해져 있다.

삶과 죽음의 문제

논리

★ ★ ★

홈즈는 매우 특이한 사건을 편지로 보내온 새 의뢰인이 베이커 가에 도착하기를 기다리고 있었다. 이 편지에는 매우 특이한 사건이 적혀 있었고 조간신문과 함께 배달되었다. 의뢰인은 도착하자마자 자신이 상당한 재력가이며 보수를 넉넉히 챙겨줄 것이라고 말했다. 그 전에 셜록의 기량을 시험해보기 위해 다음과 같은 두뇌 회전 문제를 냈다. 셜록이 즉시 대답한다면 이 사건을 맡길 셈이다. 당신도 이 문제를 보고, 1분 안에 이 의뢰인의 친구가 사망한 요일을 말할 수 있는가?

"홈즈 선생, 내 친구가 살해된 다음 날은 금요일이나 토요일이 아니었습니다. 그가 최후를 맞이하기 전날은 토요일도 일요일도 아니었고, 그가 죽은 날은 토요일이나 화요일도 아니었습니다. 홈즈 선생, 내 친구가 조물주를 만난 날은 무슨 요일이었습니까?"

깨진 조각
인지

★ ★ ★

레스트레이드는 로버트 세인트 시몬 경의 집에서 범죄 현장을 조사하다가 값비싼 꽃병을 실수로 넘어뜨렸다. 그는 산산조각 난 파편을 간신히 붙이긴 했는데 한 조각의 자리가 비었다. 돌아온 집 주인에게 레스트레이드가 실수를 자백하기 전에 당신이 빈자리에 맞는 조각을 아래 보기에서 찾을 수 있는가?

개집에서

문제 해결

★ ★ ★

홈 즈와 왓슨이 너도밤나무 집 정원에서 목줄이 풀리고 굶주린 개에게 쫓기고 있다. 정교하게 구성된 울타리 미로 속으로 재빨리 들어가 개를 따돌려야 한다. 당신이 미로를 빠져나가는 길을 찾아 이 탐정 듀오가 안전한 곳에서 수사를 계속할 수 있도록 도울 수 있는가?

폭풍에 휩쓸린

수평적 사고

★ ★ ★

왓슨은 수평적 사고력을 향상시키기 위해 신문에 실린 퍼즐을 풀며 머리를 굴리고 있다. 당신이 같이 풀어줄 수 있는가?

한 가족이 24마리의 소를 사육하는 일급 목장을 운영하고 있다. 어느 운명의 날 밤 허리케인이 불어와서 다섯 쌍을 제외한 모든 소가 죽는다. 다음 날 아침 가족은 몇 마리의 소를 가지고 있는가?

2-MINUTE PUZZLE

별들의 명소

인지

★ ★ ★

셜록 홈즈가 아서 코난 도일이 창조한 스타 캐릭터라는 것에는 의심의 여지가 없다. 별로 꽉 찬 그리드를 쭉 훑어보고, 제한 시간 안에 다섯 개의 꼭짓점이 있는 별이 모두 몇 개인지 찾아보자. 그 대답은 셜록 홈즈 원작에서 중요한 의미를 지닌다.

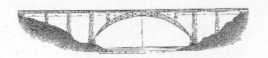

머나먼 다리

문제 해결

★ ★ ★

마 이크로프트 홈즈는 브리지 게임 파트너가 디오게네스 클럽에 나오기를 초조하게 기다리고 있었다. 기다리는 동안 그는 다리와 관련된 소소한 두뇌 회전 퍼즐로 초조함을 달래기로 했다. 당신도 5분 안에 풀 수 있는가?

원(섬을 의미함) 사이에 다리를 그려서 표시된 숫자만큼의 다리가 섬에서 뻗어나오게 한다. 한 쌍의 섬 사이에는 다리가 두 개보다 많을 수 없다. 완성된 모습에서는 한 섬에서 어떤 다른 섬으로라도 다리를 통해 걸어갈 수 있어야 한다. 다리는 수평 또는 수직으로 놓여야 하며 서로 교차할 수 없다.

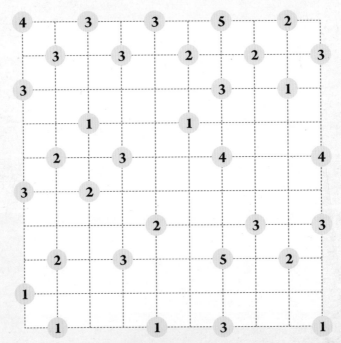

진품 가품

문제 해결

★ ★ ★

왓슨과 홈즈는 다이아몬드의 가치를 평가해달라는 어느 귀족의 요청을 받고 그 집을 방문했다. 의뢰인은 아홉 개의 다이아몬드 컬렉션 중 하나가 사실은 모조품이고 다른 여덟 개의 진짜 다이아몬드보다 무게가 가볍다는 것을 확실히 알고 있다고 했다. 저울로 다이아몬드 자체의 무게를 잰다고 할 때, 홈즈와 왓슨은 모조품을 가려내기 위해 저울을 최소 몇 번 사용해야 하는가?

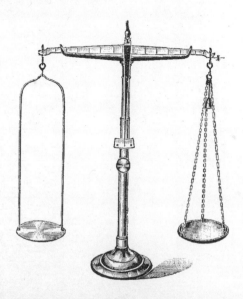

30-SECOND
PUZZLE

빛나는 생각
인지
★ ★ ★

셜록은 답을 거의 파악했다! 홈즈가 복잡한 사건을 마무리 지을 수 있도록 머릿속에서 엉킨 매듭을 풀어주자. 진실을 밝히는 전구에 곧바로 연결되는 밧줄을 찾으면 된다!

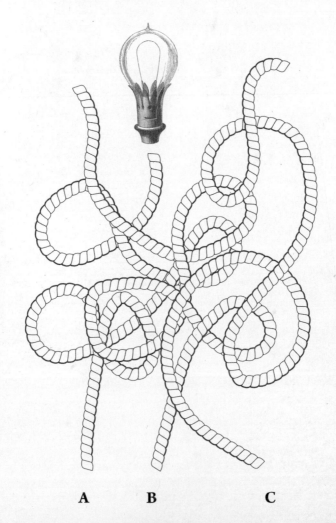

A   B   C

피라미드 구조

수학

★★★

셜록은 싸구려 물건을 귀한 유물인 양 터무니없이 비싼 가격에 팔아 영국 상류층을 속여온 범죄자의 뒤를 열심히 쫓고 있다. 왓슨은 범인이 가짜 물건을 대부분 이전 고용주로부터 공급받았다는 사실을 알아냈다. 그래서 해당 고용주를 찾아가 이전 직원에 대해 뭐라도 자세히 알려달라고 했다. 그러자 관리자는 각 직원에 대한 파일을 보관하고 있는데 파일마다 세 자리 숫자가 부여되어 있다고 설명한다. 당신은 아래 퍼즐을 풀고 범죄자에게 부여된 번호를 찾을 수 있는가? 범인의 직원 번호는 피라미드의 꼭대기 사각형에 있다. 피라미드의 각 사각형에 있는 숫자는 그 바로 아래 두 사각형 숫자의 합이다.

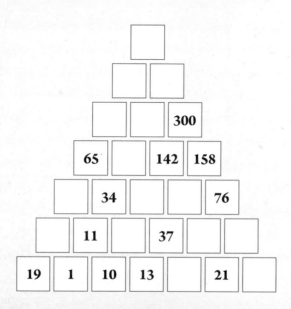

30-SECOND PUZZLE

고대 언어

인지

★ ★ ★

왓슨은 대영 박물관에서 전시물에 새겨진 신비로운 언어를 발견했다. 홈즈에게도 보여주며 이 사실을 알린다. 놀랍게도 홈즈는 다음 순서에 올 문자를 정확히 예측하여 수첩에 쓱쓱 그려 넣는다. 당신도 암호를 풀어서 홈즈가 적은 문자를 그릴 수 있는가?

떨어진 파이프

인지

★ ★ ★

허드슨 부인은 베이커 가 221B번지 집을 바쁘게 정리하는 중에 무언가 으깨지는 소리가 들려 등골이 서늘해졌다. 셜록이 아끼는 브라이어 파이프가 땅에 떨어져 산산조각이 난 것이었다. 맙소사, 그녀는 새 파이프를 사려고 서둘러 파이프 상점으로 갔다. 굳이 셜록에게 말하지 않고 똑같은 것으로 교체해놓을 계획이다. 비슷한 파이프가 몇 개 있었지만, 셜록이 아주 세밀한 것까지 놓치지 않을 만큼 예리하다는 것을 알기에 완전히 똑같은 것을 골라야 했다. 상점에 있는 네 개의 파이프 중 어느 것이 원래의 것과 정확히 일치하는가?

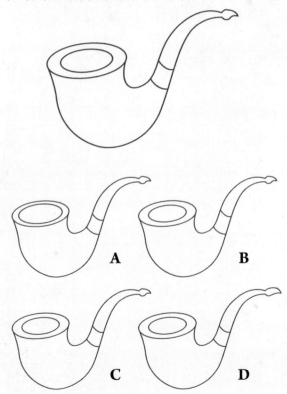

10-MINUTE
PUZZLE

멋진 그림

문제 해결

★ ★ ★

그 리드에서 특정 정사각형을 칠하면 우리의 유명한 탐정 셜록 홈즈와 연관된 어떤 이미지가 나온다. 가장자리의 숫자는 각 행과 열에서 몇 개의 정사각형을 칠해야 하는지를 나타낸다. 숫자 사이에는 하나 이상의 빈 정사각형이 있어야 한다. 예를 들어 행의 시작 부분에 3, 1이 있으면 그 행 어딘가에 연속으로 색칠한 세 개의 정사각형이 있고, 그다음 한 개 이상의 빈 정사각형이 있고, 그다음 색칠한 정사각형이 한 개 더 있으며 그 행의 나머지 정사각형들은 모두 비어 있다는 것을 의미한다. 추측이 아닌 논리가 해법이다.

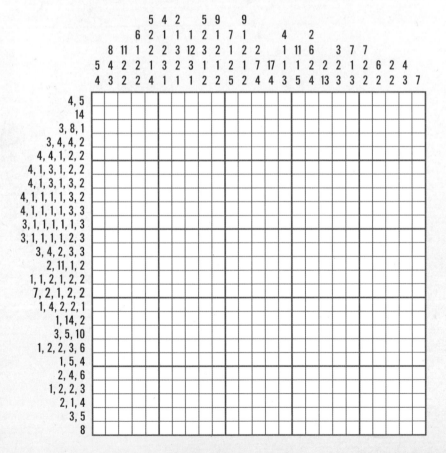

목표 연습

수학

★ ★ ★

왓슨은 암산 능력을 향상시키기 위해 이 두뇌 훈련 퀴즈를 2분 이내에 푸는 연습을 하고 있다. 당신도 같이 해보겠는가?

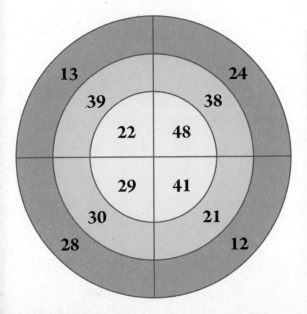

목표

104
56
114

세 개의 링에서 각각 하나의 숫자를 선택하여 더한 값이 첫 번째 목표 숫자인 104가 되게 한다. 그런 다음 두 번째 및 세 번째 목표 숫자가 되도록 각 링에서 숫자를 하나씩 선택한다.

5-MINUTE PUZZLE

한 마리 말을 찾아
문제 해결

★ ★ ★

훌륭한 경주마인 실버 블레이즈를 마구간에서 도난당했다. 홈즈는 누군가 추적을 피하려고 황야 지대를 가로질러 끌고 갔을 것이라고 추론한다. 또한 마구간에 말발굽 자국이 이리 저리 찍힌 것으로 보아 말을 황야 지대로 끌고 가기 전에 방향에 혼란을 주기 위해 제자리를 맴돌 았을 거라고 확신한다. 아래 그리드 안에서 말의 움직임을 재현할 수 있는가? 진하게 표시된 숫 자 1에서 시작하여 진하게 표시된 4까지 1,2,3,4, 1,2,3,4의 순서대로 이동하는 방식으로 각 정사각 형을 정확히 한 번씩 지나간다. 모든 정사각형을 한 번씩 들르며, 대각선을 포함한 모든 방향으로 한 번에 한 칸씩 이동할 수 있다. 길이 교차할 수 있다.

1	4	3	2	2	3
2	3	1	1	4	1
4	2	4	3	2	4
1	3	1	2	1	3
4	2	1	4	3	2
3	4	2	3	4	1

마스터 키

인지

★ ★ ★

홈즈가 적에게 포로로 잡혀 있다. 다행히 경찰은 열쇠 꾸러미를 손에 넣고 잡혀 있는 장소를 추적해갔다. 이 열쇠들 중 한 개만 자물쇠에 맞을 것이다. 어느 열쇠일까?

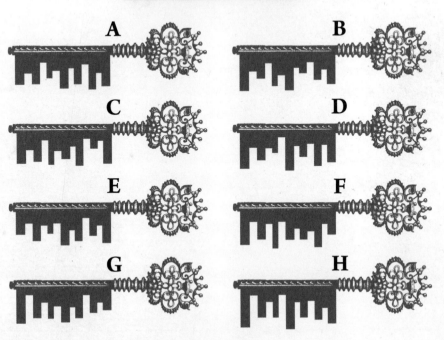

배가 들어올 때

문제 해결

★ ★ ★

홈 즈와 왓슨은 범인이 런던 내셔널 갤러리에서 빼돌려 해외 암시장
으로 반출한 미술품을 회수했다. 그들은 이제 모든 작품이 항구
에 잘 도착했는지, 누락된 것이 하나도 없는지 확인해야 한다. 고가의 가
치인 것이 티 나지 않으면서도 같은 배의 다른 화물과 구별될 수 있도록
모든 작품에는 여덟 자리 번호가 부여되어 있다. 여덟 자리 번호들을 오
른쪽 그리드 안에서 찾을 수 있는가?

15005417	26352022	36549675	67724487	81873587
15852089	29551414	42542219	67865623	85664571
17598488	35195047	47691772	76908627	96565765
19772921	35576257	53880436	78497423	98696237

2 1 5 7 1 5 7 2 9 5 5 1 4 1 4
6 7 7 2 4 4 8 7 8 4 9 7 4 2 3
1 5 8 5 2 0 8 9 1 8 9 3 4 9 6
6 4 1 5 5 4 5 7 9 1 7 7 1 2 9
2 6 8 5 3 1 8 7 4 5 9 1 7 7 1
3 6 7 6 2 9 9 2 6 0 8 2 2 7 5
7 5 3 6 3 2 5 9 1 9 5 2 5 9 9
7 8 5 3 7 4 0 7 5 2 4 9 1 1 9
1 7 8 7 2 8 0 2 1 3 8 5 1 8 8
8 2 7 2 6 9 6 8 5 4 2 2 6 5 2
5 6 1 3 8 2 1 5 8 3 5 9 5 3 3
7 9 1 5 0 8 5 8 6 3 6 0 6 4 2
8 4 7 6 9 1 7 7 2 2 5 2 0 7 7
8 2 7 3 6 3 3 9 3 1 3 6 2 5 9
2 5 6 6 7 5 6 7 5 6 5 6 9 6 1

직각 선로에서

문제 해결

★ ★ ★

셜록 홈즈가 베이커 가 하숙집의 문을 열자마자 왓슨은 최근 사건에 대해 캐묻기 시작했다. 셜록은 두 역 사이에서 잠복근무를 하며 여러 기관사들의 움직임을 세심하게 지켜보면서 그중 누가 두 역 사이에서 불법 물품을 운송하는지 면밀히 관찰했다. 왓슨은 그 기관사의 신원을 반드시 알아내고 싶었다. 셜록은 늘 그렇듯 당당한 자세로 왓슨에게 다음 퍼즐을 주고 답을 구해 보라고 했다. 그러면서 존경해 마지않는 친구가 기차선로가 통과하는 곳에서 글자를 잘 찾으면 운전사의 신원이 드러날 것이라고 했다. 왓슨은 A에서 B까지의 선로를 만든 후 직각으로 회전한 선로가 있는 사각형의 글자를 읽으면 된다. 그러면 범인인 기관사의 이름이 밝혀질 것이다.

그리드 가장자리 숫자는 각 행과 열에서 기차선로가 통과하는 정사각형 개수를 나타낸다. 한 번 들른 곳은 다시 지나지 않고, 정사각형을 직선으로 통과하거나 정사각형 안에서 직각으로 회전하여 A에서 B까지의 연속 경로를 만든다. 시작이 수월하도록 출발점과 도착점은 표시했으므로 범인인 기관사의 이름이 알파벳 "T"로 시작하여 "N"으로 끝남을 알 수 있을 것이다.

3	2	2	2	5	4	5	3	
A	D	T	G	T	H	S	E	2
S	D	F	D	S	M	L	L	2
T	T	M	G	K	O	M	W	4
E	H	M	K	D	P	Q	O	6
P	F	M	J	S	W	I	Q	1
D	D	S	O	I	K	P	S	2
E	R	W	N	Q	E	N	K	1
N	J	D	F	S	Q	E	O	8

A

B

1-MINUTE PUZZLE

위조하기

문제 해결

★ ★ ★

홈 즈와 왓슨은 위조범 일당과 관련된 사건을 수사하고 있다. 홈즈 는 그들이 작업한 샘플을 발견하고 왓슨에게 영국 실링을 주며 평가를 맡긴다. 아래는 위조 동전 일부분의 이미지이다. 이게 진품이 아 니라는 단서는 무엇일까?

주사위 굴리기

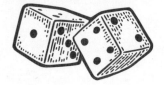

수학

★ ★ ★

설록 홈즈는 디오게네스 클럽에서 형 마이크로프트와 보드 게임을 하고 있었다. 자기 차례일 때마다 주사위 한 쌍을 굴려서 나온 두 수를 합한 만큼 보드 판을 도는 게임이었다. 셜록은 첫 번째 차례에서 총 11점을 굴렸고 두 번째는 총 5점을 굴렸다. 마이크로프트는 각각 7점과 9점을 굴렸다. 둘 다 보드의 16번째 칸에 도달하여 끝났는데 두 명의 주사위 쌍 중 어느 것이 16이 나올 가능성이 확률적으로 더 높았고, 얼마나 높았을까?

죄악의 방

수평적 사고

★ ★ ★

품격 높은 한 남자의 아내가 빅토리아 시대 영국에서 다소 위험한 지역 중 한 곳을 걷고 있었다. 그러다가 아편 소굴의 창문 너머로 남편 얼굴을 보았을 때 그녀가 얼마나 충격을 받았을지 짐작이 갈 것이다. 남편에게 사고라도 났을까봐 걱정되고 겁이 나서 남편을 본 창문 방으로 달려갔다. 하지만 그녀가 본 것은 열린 창문과 바닥에 앉아 있는 거지의 처량한 모습뿐이었다. 그녀가 달려오는 동안 남편은 창문을 통해 빠져나가지도 않았고 거지에게 어떤 해코지도 당하지 않았다. 이러한 상황에서 그리고 이 방에서 나갈 다른 방법이 없었다는 점을 고려할 때, 당신은 이 특이한 사건의 경위를 설명하고 그에게 무슨 일이 일어났는지 알아낼 수 있는가?

2-MINUTE
PUZZLE

시계 보기
논리

★ ★ ★

아 서 코난 도일의 단편 소설 중에는 **시계를 많이 가진 남자**가 있다. 다음의 미니 논리 퍼즐을 풀이 과정을 메모하지 말고 아래 표에 바로 답을 쓰며 풀어보자.

세 명의 신사가 각각 새 시계를 샀다. 시곗줄은 금색, 은색, 가죽 줄이다. 시계 이름은 순서와 무관하게 엘리트, 익스클루시브, 그리고 이그제큐티브이다. 당신은 시계마다 어떤 종류의 줄이 있는지, 그리고 이름이 무엇인지 알아낼 수 있는가?

백스터는 익스클루시브 시계를 살펴보았지만 사지 않기로 결정했다. 또한 금색 줄을 좋아하지 않았다. 클리포드는 이그제큐티브 시계에 매우 만족했고, 그 시계는 은색 줄이 아니다. 어니스트는 화려한 것을 좋아했고 금색 줄이 달린 시계가 자신에게 안성맞춤일 것이라고 결정했다.

이름	브랜드	줄의 종류
백스터		
클리포드		
어니스트		

중요한 논란거리
수평적 사고

★ ★ ★

아가타는 호화로운 호텔에서 애프터눈 티를 마시며 친구들에게 조카 이야기를 하고 있었다. 아가타에겐 두 명의 조카가 있다. 그중 한 조카는 아들이 다섯이고 딸은 없다. 다른 조카는 딸이 네 명 있는데 각각 한 명의 남동생을 갖고 있다. 이 정보로 보아 당신은 어느 조카가 더 많은 자녀를 두었는지 알 수 있는가?

경주용 자전거

수학

★ ★ ★

"**나**의 친구 왓슨." 어느 날 아침 식사 중에 홈즈가 말했다. "새벽 산책길에 페니파딩 자전거보다 훨씬 더 빠른 속도를 내는 현대식 자전거를 타는 신사와 이야기를 나누었다네. 그는 어제 1마일을 3분 20초 만에 탔다고 하더군. 그의 평균 속도는 시속 몇 마일이었겠나? 어려운 계산이 아니라는 건 알지만, 토스트를 먹으며 부담 없이 사고력 연습하는 거라 생각하면 된다네."

당신은 1분이라는 왓슨의 시간제한 안에 셜록의 질문에 답할 수 있는가?

꼭꼭 숨긴 비밀

인지

★ ★ ★

"**널**빤지를 밀면 나오는 작은 공간에 사진이 있더군."
홈즈가 말했다. "사진을 바로 손에 넣을까 말까 잠시 망설였는
데, 마부가 들어와서 어찌나 집요하게 나를 지켜보는지 기다리는 게 안
전하다고 느꼈다네."

홈즈는 설렁줄을 잡아당기면 접근할 수 있도록 만들어진 비밀 널빤지 뒤
에 약간 기괴한 사진이 숨겨져 있을 거라고 추론했다. 그리고 기억에 의
존하여 다음과 같이 이미지를 재현했다.

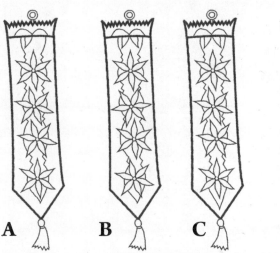

A   B   C   D

이 중요한 증거가 있는 장소를 밝힐 수 있도록 당신은 정확
한 설렁줄을 위의 보기에서 찾을 수 있는가?

10-MINUTE PUZZLE

암호 해독

문제 해결

★ ★ ★

왓슨 박사는 금고 암호가 숨겨진 퍼즐을 보고 당혹스러웠지만 이 금고를 꼭 열고 싶어 한다. 당신이 그를 도와줄 수 있는가?

아홉 개의 기호 @, &, #, %, £, !, ?, +, =를 각 행, 열 및 굵은 선의 3×3 상자 안에 한 번씩 배치해야 한다. 완성된 후 진한 색 정사각형에 들어 있는 기호가 금고를 여는 암호이다. 왼쪽에서 오른쪽으로, 위에서 아래로 읽는다.

?		@	!		£			&
%	&				=		?	!
+	▨	!						£
			▨		@			
		+	#	?	&	!		
		=		▨				
!						&		@
#	£		@			▨	!	+
@			&		!	%		#

단지 사소한 일

기억

★ ★ ★

물론 사소한 일이지요. 하지만 아무리 사소한 일이라도 중요한 단서가 될 수 있습니다." 셜록은 입술이 비뚤어진 남자의 미스터리를 푸는 과정에서 이렇게 말했다.

여기 허드슨 부인의 소박하지만 맛있는 음식에 들어가는 재료 목록이 있다. 당신은 목록을 1분 동안 유심히 살펴보고 가린 다음, 다시 보지 않고 오른쪽 질문에 답할 수 있는가?

재료

크림 ¾파인트

설탕 2½온스

달걀 2개의 흰자

셰리주 한 잔(소형)

커스터드 ¾파인트

작은 스펀지케이크 5개

레몬 제스트

라즈베리 잼

딸기잼

아몬드 1온스

브랜디 4큰술

장식할 식용 꽃

질문

1) 달걀 몇 개의 흰자가 필요한가?

2) 레시피에는 어떤 두 종류의 잼이 필요한가?

3) 브랜디는 얼마나 필요한가?

4) 셰리주 한 잔의 크기는 어느 정도인가?

금괴를 찾기 위한 굴착

문제 해결

★ ★ ★

홈즈, 왓슨, 그리고 은행장 메리웨더는 프랑스 금괴가 들어 있는 금고를 지키고 있다. 홈즈는 한 무리의 강도들이 현재 그들이 잠복해 있는 바로 그 지하실까지 터널을 파서 금고의 내용물을 훔칠 계획을 하고 있다고 추론했다. 불행히도 강도들의 계획이 예상보다 많이 진행되어서 홈즈 일행은 들키지 않고 지켜야 할 금이 들어 있는 나무상자 개수를 정확히 세기 어려운 상황이다. 하지만 홈즈는 금고를 마주보고 있는 현재 지점에서 상자 더미를 보기만 해도 상자가 몇 개인지 확인할 수 있다고 장담한다.

아래 그림에서 홈즈, 왓슨, 메리웨더가 지켜야 하는 상자의 총 개수를 확인할 수 있는가?

합당한 대가

수학

★ ★ ★

홈즈는 앞으로 맡을 사건에 대해 의뢰인과 상담하고 있다. 의뢰인은 자기들의 사건이 복잡해서 한 달까지도 걸릴 수 있는데 이때 탐정 수임료가 얼마나 드는지 묻는다. 셜록은 즉답하는 대신 다음의 수학 퍼즐을 건넸다. 퍼즐을 풀고 나서 초록색으로 정사각형 안에 있는 세 개의 숫자를 더하면 수임료가 몇 파운드인지 나온다고 알려준다.

당신이 셜록이 맡은 사건의 수임료를 확인해줄 수 있는가? 숫자 2~9를 흰색 빈 사각형에 한 번씩 배치하여 올바른 계산식을 완성한다. 사칙연산의 우선순위가 아니라 왼쪽에서 오른쪽으로, 위에서 아래로 내려오며 계산한다.

	×		+		**35**
×	■	×	■	×	
1	×		×		**30**
+	■	+	■	−	
	×		×		**126**
10		**33**		**8**	

30-SECOND PUZZLE

반복 수행

문제 해결

★ ★ ★

아래의 글자 그리드에서 반복되어 나오는 모든 글자를 마음속으로 최대한 빨리 지운다. 어떤 단어가 남는가?

G	W	D	B	I
P	P	R	F	B
E	A	E	D	G
I	B	R	T	H
S	H	F	O	N

1-MINUTE PUZZLE

아찔한 높이

수평적 사고

★ ★ ★

왓슨은 허드슨 부인에게 수평적 사고 문제를 내서 명탐정과 한집에 산 경험이 사고력 향상에 도움이 되었는지 확인해보기로 했다. 당신도 함께 풀어보겠는가?

10층 높이 건물에 사는 한 여성이 창밖으로 자진해서 뛰어내렸다. 그녀는 살아서 이 이야기를 들려주었고 부상조차 입지 않았다. 어떻게 이것이 가능한 걸까?

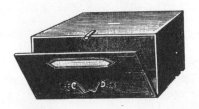

같은 종류 네 개
인지

★ ★ ★

베 이커 가에서 흔치 않은 일이 일어났다. 셜록에게 현재 수사할 사건이 없는 것이다. 왓슨은 셜록이 이전의 범죄 사건을 복기하는 대신 다른 일에 몰두하게 하려고 애쓰고 있다. 그런데 명탐정에게 문제를 내는 족족 순식간에 풀어버려 그렇게 하기도 쉽지 않다. 다음의 특별한 문제를 왓슨은 2분 만에 풀었는데, 이 대단한 인물은 단 몇 초 만에 풀었다. 당신은 어떤가? 왓슨의 시간을 깰 수 있는가?

아래 블록을 네 개의 동일한 모양으로 분리하기만 하면 된다. 필요하면 모양들을 회전시킬 수도 있다.

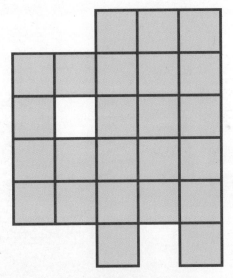

자국 남기기

인지

★ ★ ★

"**이**게 뭐지? 살금살금! 살금살금 다가온 발자국이로군! 게다가 끝이 정사각형인, 흔치 않은 부츠인걸!" 셜록이 외쳤다.

아래의 용의자 목록과 그 아래에 있는 발자국 그림을 보고 범인 이름을 유추할 수 있는가?

제임스 매카시 James McCarthy
윌리엄 크라우더 William Crowder
페이션스 모란 Patience Moran
존 터너 John Turner

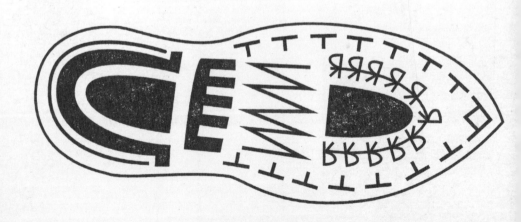

세 학생의 모험

문제 해결

★ ★ ★

세 명의 학생이 탐험을 떠나기로 했다. 하지만 안타깝게도 도중에 방향을 잃어 베이스캠프로 돌아가는 길이 헷갈렸다. 그들은 지금까지 캠프에서 북쪽으로 2마일, 동쪽으로 3마일, 남쪽으로 5마일, 서쪽으로 6마일, 마지막으로 북쪽으로 3마일을 이동했다. 이 대담한 세 학생이 캠프로 돌아가려면 어느 방향으로 몇 마일을 걸어가야 하는가?

1-MINUTE
PUZZLE

오래된 모자
인지

★ ★ ★

왓슨은 한가롭게 일간지를 넘겨보던 중 커피 테이블에 놓여 있던 셜록의 사냥 모자 위로 커피를 쏟고 말았다. 셜록이 얼룩진 사냥 모자를 좋아하지 않을 것을 알기에 왓슨은 이를 대체할 모자를 사러 나갔다. 당신은 아래 네 모자 중 원래의 것과 일치하는 것을 찾을 수 있는가?

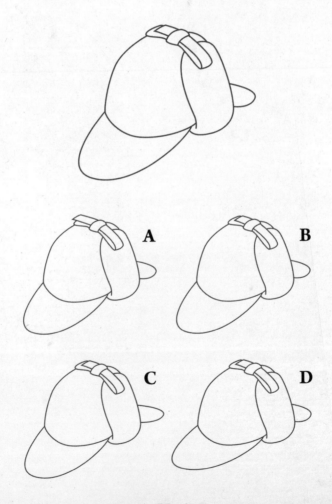

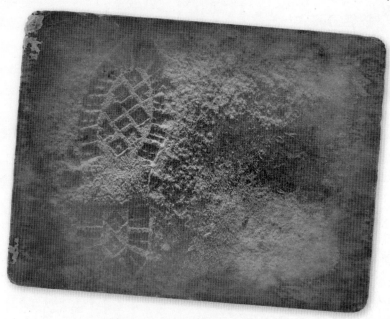

발자국이 관건

수학

★ ★ ★

왓슨이 여러 번 목격한바, 셜록은 범인을 추적할 때의 스릴을 즐기고 있고 기이한 범죄에 맞서 자신의 재능을 펼치는 것을 좋아했다. 어떤 한 사건을 조사하던 중 홈즈는 강도 용의자들이 진흙에 남긴 발자국을 관찰하고 있었다. 발자국 크기를 측정한 결과 용의자 중 한 명의 신발 사이즈가 7이었다. 또한 크기가 다른 두 세트의 발자국을 발견했는데, 그중 한 세트는 다른 것보다 50% 더 컸다. 세 명의 신발 평균 사이즈가 9라고 할 때, 나머지 두 명의 신발 자국 크기를 유추할 수 있는가?

위기에서 벗어나

문제 해결

★ ★ ★

" **보** 스콤 연못은 나무가 울창하게 우거진 둥근 지대이고, 풀과 갈대가 가장자리를 에워싸고 있는 곳이야." 홈즈가 강력범죄 현장으로 가기 전에 말했다. 보스콤 밸리 지대는 길을 잃기 딱 좋은 곳이다. 홈즈와 왓슨이 손 모양 입구에서 출발하여 미로 중앙에 있는 연못에 도착할 수 있도록 당신이 도울 수 있는가?

부분의 합
수학

★ ★ ★

여가 시간에 왓슨과 홈즈는 수학 퍼즐을 풀며 긴장을 풀고 있다. 여느 때와 마찬가지로 셜록은 거의 즉각적으로 문제를 풀었다. 하지만 왓슨은 2분이 걸렸다. 당신은 왓슨의 기록을 깨고 사냥 모자, 파이프, 그리고 확대경이 지닌 값을 알아낼 수 있는가?

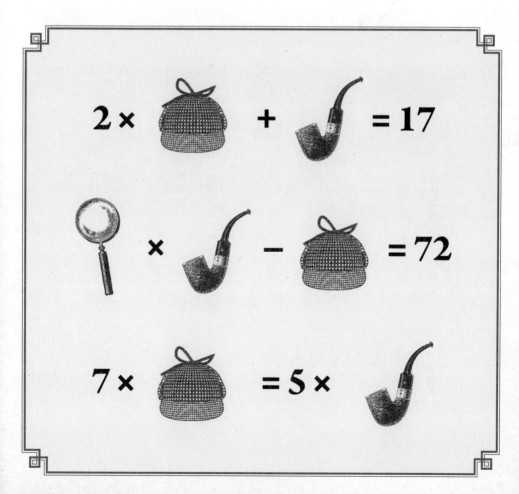

30-SECOND PUZZLE

깊은 물속

인지

★ ★ ★

독신자 귀족에서 홈즈와 왓슨은 서펜타인 호수에 떠 있던 해티 도란의 웨딩드레스를 건져올린다. 탐정 듀오는 이제 현장에 있던 경찰들이 물 밑에 가라앉아 있다고 얘기하는 결혼반지를 찾아야 한다. 당신은 아래 사진에서 결혼반지를 찾을 수 있는가?

거짓 신원

인지

★ ★ ★

홈즈와 왓슨은 잡기 어려운 용의자의 주변 동료들 모습이 담긴 사진첩을 들고 폴리스 라인업을 방문했다. 그들 앞에 서 있는 이 남자들의 이름은 조지, 앨버트, 존, 올리버이다. 그러나 이들 모두는 신원을 감추기 위해 변장을 하고 있는 게 확실하다. 당신은 홈즈와 왓슨의 사진첩에 있는 원래 모습과 변장한 모습을 한 명씩 선을 그어 이을 수 있는가?

2-MINUTE
PUZZLE

생일 축하합니다, 허드슨 부인!

문제 해결

★ ★ ★

허 드슨 부인의 생일이었다. 부인은 왓슨 박사와 셜록이 사온 케이크를 자르면서 흥미로운 사
실을 말해주었다. "내 생일이 우리 언니 진의 생일과 같은 날이라는 거 알아요? 물론 우리
가 쌍둥이는 아니랍니다. 언니는 현재 저보다 나이가 1.2배 많아요. 40년 전 우리 생일에는 언니
가 저보다 나이가 두 배 더 많았답니다!" 셜록이 번개처럼 즉시 대답했다. "아, 부인의 나이가 늘
궁금했는데, 숙녀에게 나이를 물어보는 건 무례한 일이었지요. 이제 부인의 나이를 정확히 알겠
군요!" 허드슨 부인은 몇 살인가?

석방 날짜

문제 해결

★ ★ ★

레스트레이드 경감은 런던 경찰국에서 근무하는 동안 많은 범죄자들을 수감시키는 데 셜록 홈즈의 도움이 컸다는 이야기를 나누며 그와 기분 좋은 시간을 보내고 있었다. 레스트레이드는 유독 앞뒤가 안 맞았던 한 사건을 언급했는데, 그 세부적인 내용은 중요하지 않다. 간략히 말하자면 그가 용의자의 유죄 판결을 이끌었는데, 용의자는 그달 1일에 수감되었다가 67일 후에 석방되었다. 용의자가 다시 자유의 몸이 된 날은 언제인가? 복역한 첫 두 달의 날의 수가 같았고, 전체 형기는 같은 해에 채워졌다는 점을 염두에 두길 바란다.

2-MINUTE PUZZLE

사라진 인물

문제 해결

★ ★ ★

아래는 셜록의 상징인 파이프 모양의 단어 찾기 그리드이다. 셜록 홈즈에 나오는 모든 등장인물의 이름을 찾을 수 있는가? 제한 시간은 2분인데, 등장인물 중 한 명이 사라져버려서 그리드에 없을 수 있으니 주의하라! 시간이 다 되기 전에 사라진 인물이 누구인지도 찾을 수 있는가?

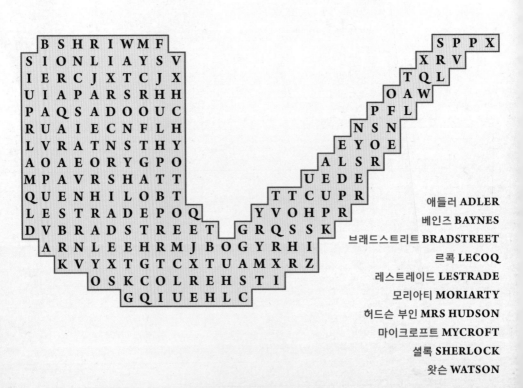

애들러 **ADLER**
베인즈 **BAYNES**
브래드스트리트 **BRADSTREET**
르콕 **LECOQ**
레스트레이드 **LESTRADE**
모리아티 **MORIARTY**
허드슨 부인 **MRS HUDSON**
마이크로프트 **MYCROFT**
셜록 **SHERLOCK**
왓슨 **WATSON**

머릿속에 다 담아

기억

★ ★ ★

"나는 사람의 뇌가 원래 텅 빈 작은 다락방과 같다고 생각합니다. 사람들은 가구를 골라서 그 방을 채워 넣어야 합니다… 그러므로 우수한 장인은 뇌-다락방에 무엇을 넣어둘지 매우 신중하게 고민합니다. 그는 작업에 요긴하게 쓰일 연장만 고를 거예요. 종류별로 골고루 갖추고 완벽한 순서로 넣어두지요."

이 작은 뇌-다락방에는 셜록 홈즈와 관련된 물건들이 완벽한 순서로 정리된 것으로 보인다. 1분 동안 아래 그리드에서 물품 구성을 살펴 본 다음, 그림을 가리고 아래 질문에 답해보자.

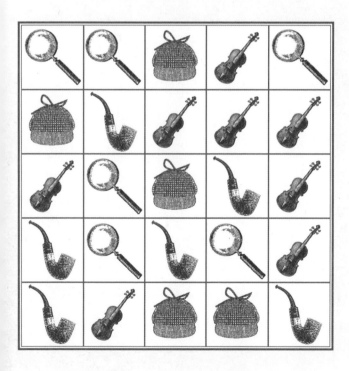

질문

1) 확대경은 몇 개인가?
2) 오른쪽 상단 사각형에 있는 물건은 무엇인가?
3) 가장 적은 물건은 무엇인가?
4) 가장 많은 물건은 무엇인가?
5) 중앙에 있는 물건은 무엇인가?

2-MINUTE
PUZZLE

어느 의사요?

논리

★ ★ ★

허드슨 부인은 건강검진을 받으러 병원에 왔다. 주치의는 화이드 선생님이다. 아래 단서를 보고 그의 머리색(빨간색, 금색, 또는 검은색)과 나이(35, 40, 또는 45)를 알아낼 수 있는가? 그리고 그 진료소에서 일하는 다른 두 의사의 머리색도 알아낼 수 있는가? 머릿속으로 풀고 아래 표에 바로 답을 적어보자.

허드슨 부인의 주치의는 세 사람 중 가장 나이가 많은 사람이 아니고 금발 머리도 아니다. 우드 선생님은 가장 나이가 어리다. 라이트 선생님은 가장 어두운 머리색을 가지고 있다.

이름	머리색	나이
화이트 선생님		
우드 선생님		
라이트 선생님		

혈액 성분 검사

문제 해결

★ ★ ★

셜록은 극악무도한 살인 사건과 씨름하는 와중에 범상치 않은 범죄자로부터 받은 힌트가 포함된 자백을 공개했다. 작은 힌트들을 남기며 경찰과 쫓고 쫓기는 실랑이를 벌였던 범인은 이 자백을 상대가 풀지 못할 것이라고 확신하고 있었다. 하지만 그건 셜록 홈즈의 명성과 추리 능력을 고려하지 않은 것이다. 살해당한 사람의 이름은 무엇일까? 범인이 아래 종이에 그 이름을 남겼다.

나는 이로써 살인을 자백한다:
WNNNNRNRORN
ROWORJOOMMNRN
JIMIWBBBRWRWW
ONRBBOMWINWOW
OIBWNBWOWNWMN
BRIONNOM

1-MINUTE
PUZZLE

악당 소굴
수평적 사고

★ ★ ★

홈 즈와 레스트레이드는 방금 익명의 소식통으로부터 제보를 받았
다. 저명한 사업가의 집을 털었던 한 남자가 동네 공동 주택에서
목격되었다는 것이다. 홈즈와 레스트레이드는 아직 악당의 인상착의를
파악하지 못했지만, 현장 조사를 나가기로 결정했다. 그 안에서 그들은
제빵사, 정육점 주인, 교사, 그리고 은행원을 목격한다. 그리고 즉시 은
행원을 체포한다. 그들은 어떻게 자신들의 명성에 걸맞게 용의자를 정
확하게 추측하여 체포했을까?

술 취한 선원

문제 해결

★ ★ ★

홈즈는 조선소에 왔다. 변장술 중 하나를 부려 미심쩍은 강도 용의자들을 염탐하는 중에 기이한 광경을 목격했다. 럼주를 너무 많이 마신 것으로 보이는 술 취한 선원이 기묘하게 움직이고 있었다. 그는 선적 대기 중인 100개의 나무 상자 위를 이리저리 뛰어다니는데 마치 체스의 나이트 같다. 가로 두 칸에 이어 세로로 한 칸 이동하고, 또는 세로로 두 칸에 이어 가로로 한 칸 이동하는 것이다.

셜록은 술 취한 선원이 100개의 나무 상자 위를 정확히 한 번씩 밟는다는 것을 알아차렸다. 진한 색의 사각형이 시작점과 도착점이다. 당신은 술 취한 선원이 디딘 걸음 전체를 재현할 수 있는가?

88							73	94	11
		8	45		93			43	72
	48			85					
	80		90			83	100		
64	5		59			76		98	
79	52	61				97			56
					67			14	
				1	54		68		40
	3	36	33						
	30	27			22	25	16	39	20

탈옥
문제 해결

★ ★ ★

왓슨과 홈즈는 레스트레이드의 호출을 받고 그를 돕기 위해 뉴게이트 교도소라는 곳으로 갔다. 한 죄수가 탈옥을 한 것이다. 이 교도소는 온종일 여러 명의 경찰이 삼엄한 감시를 하고 있고, 죄수들은 감방 안의 쇠고랑에 묶여 있기까지 하다.

탈옥 현장을 살펴보자. 감방이 내려다보이는 각도의 그림인데, 어떻게 탈옥에 성공했을까? 죄수는 감방 안의 쇠고랑에 묶여 있고, 쇠고랑은 땅에 단단히 고정되어 있다. 밖에는 교도관이 서 있다.

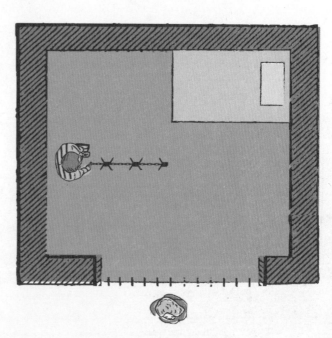

위장 카메오
인지

★ ★ ★

레스트레이드는 명함과 함께 오래된 브로치를 받았다. 브로치의 비밀이 밝혀질 경우 수사에 도움을 줄 수 있는 사람이 나타날 것 이다.

점이 들어 있는 칸을 색칠하여 빅토리아식 카메오에 어떤 인물이 드러 나는지 보자.

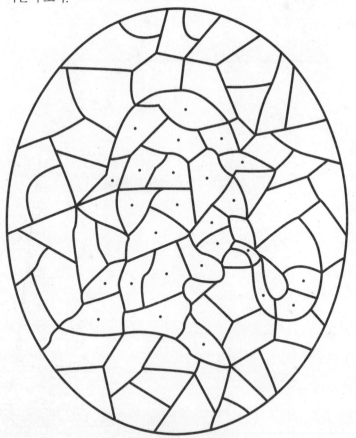

5-MINUTE
PUZZLE

성직자의 식탁보

문제 해결

★ ★ ★

셜록은 최근 교회 사무실에서 촛불을 빼돌리는 사람이 누구인지 밝혀냈고 그 교회의 목사님과 저녁 식사를 즐기고 있었다. 음식도 입맛에 맞았고 식탁보의 특이한 패턴도 마음에 들었다. 셜록은 패턴을 종이에 기록했고, 허드슨 부인에게 가져가 베이커 가 하숙집의 식탁에 깔 수 있도록 똑같이 만들어줄 수 있을지 물어볼 셈이다. 패턴을 일일이 베끼기보다는 간략한 방법을 생각해냈다. 바로 아래 도표이다. 당신이 식탁보의 패턴을 완성할 수 있는가? 모든 행과 열에 정확히 다섯 개의 초록색 정사각형과 다섯 개의 보라색 정사각형이 있어야 한다. 어떤 행이나 열에도 같은 색상의 정사각형이 두 개 이상 연달아 나올 수 없다.

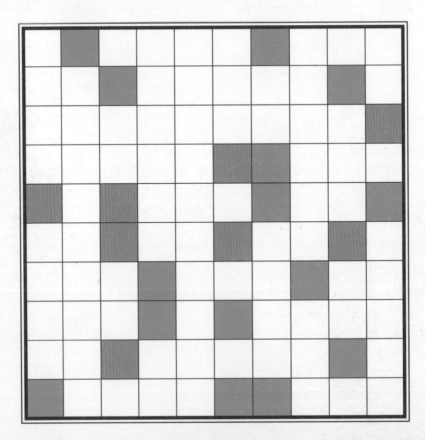

피아노 포르테

수학

★ ★ ★

마이크로프트의 클럽에서 한 피아니스트가 뛰어난 손재간과 당당한 자태로 연주를 마쳤다. 셜록은 자리에서 일어나 피아니스트의 명연주에 박수를 보냈다. 피아니스트는 고개 숙여 인사하며 말했다. "제2의 천성입니다. 제가 기억나는 어린 시절부터 줄곧 연주를 해왔어요." 셜록이 말했다. "그게 얼마 동안인지 물어봐도 될까요?" 음악가는 이렇게 대답했다. "그럼요, 선생님, 올해는 1892년이고 저는 제 인생의 75%를 연주해왔고, 지금은 60세입니다." 음악가는 몇 년도에 처음 연주를 했는가?

연쇄 소매치기

문제 해결

★ ★ ★

런던 경찰국은 연쇄 소매치기 사건에 깔린 패턴을 파악하려고 애쓰고 있다. 범인은 꽤 규칙적으로 범행을 저지르고 있지만, 피해자 수가 일정하지 않다. 11월 4일은 15명, 11월 27일은 38명, 12월 11일은 23명, 12월 18일은 30명에게 소매치기를 저질렀다. 범인이 크리스마스 당일 활동할 것이라는 정보가 돌고 있는데, 몇 명이 피해를 입을 것으로 예상되는가?

시험관

문제 해결

★ ★ ★

레 스트레이드는 셜록을 연구실로 데려갔는데, 그곳에서 과학자 두 명이 화학물질로 실험을 하고 있었다. 그 화학물질은 범죄조직의 지하실 아지트에서 압수된 것인데, 그 조직은 사회의 각계 인사들을 협박하고 있었다. 개인 신상을 알 수 있는 기록 같은 건 전혀 건질 수 없었지만, 레스트레이드는 회수한 시험관에 중요한 단서가 들어 있다고 확신했다. 하지만 실험실 과학자들은 시험관 안 내용물은 독성 화학물질이 아닌 착색된 물인 것 같다고 얘기했다.

"잘못 파악하셨군요, 경감님." 셜록이 쾌활하게 말했다. "경감님이 찾는 사람의 이름은……." 당신이 셜록의 능력을 가졌다고 생각하고 그가 찾아낸 이름을 말해보자.

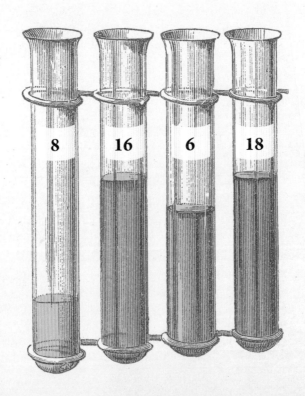

생각 기차

수학

★ ★ ★

"**잘** 달리고 있군." 창밖을 바라보던 셜록이 시계를 힐끗 보면서 말했다. "지금 우리 속도는 시속 53.5마일이라네."

홈즈와 왓슨은 새로운 사건 착수를 위해 의뢰인을 만나러 가는 중이다. 만약 기차가 런던의 패딩턴에서 평균 시속 53.5마일로 오후 3시 15분에 출발하여 오후 5시 30분에 목적지에 도착한다고 가정할 경우 그 도시는 어디일까? 답안을 소수점 한 자리가 되도록 반올림하고 거리가 일치하는 도시에 동그라미 치시오.

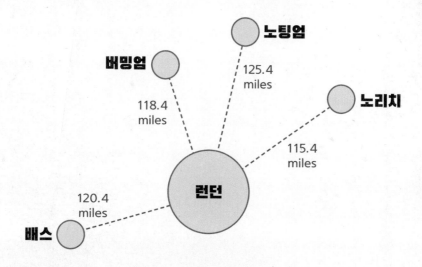

5-MINUTE PUZZLE

망을 보며
문제 해결
★ ★ ★

위협적인 범죄조직들이 잔인한 범행들을 자행하는 가운데 홈즈와 왓슨은 런던 경찰국을 도와 범행 현장을 목격한 사람들을 보호하는 임무를 맡아왔다. 레스트레이드는 부하 직원들에게 순찰을 맡겼지만 각 직원의 담당 구역이 어디까지인지 지도에서 표시해주는 것을 잊어버렸다. 단지 3피트짜리 구역 몇 개를 담당할지만 기록해두었다. 주변 지역을 철저히 순찰하여 목격자를 향한 공격을 막아야 하는데, 당신이 홈즈와 왓슨을 도와 각 직원에게 지정된 순찰 구역의 경계선을 명확히 그어줄 수 있는가?

아래 그리드를 직사각형으로 나누어 한 칸 한 칸이 각 구역에 들어가도록 해야 한다. 숫자는 구역의 크기를 나타낸다. 예를 들어 숫자 "5"가 있으면 그 칸이 총 다섯 개의 칸으로 이루어진 구역 중하나임을 의미한다. 구역마다 한 개의 숫자만 있다.

	4			2		2		2
			4					2
		2	2	2				
9						12	5	2
				12				
	7							3
							12	
	2	12			2			

파이프 세트
문제 해결
★ ★ ★

홈즈, 그렉슨, 레스트레이드, 왓슨은 특별히 부담이 컸던 사건을 처리한 후 베이커 가에서 브리핑을 하고 있다. 경찰관들이 자리를 뜨려고 하는데, 똑같이 생긴 자기들의 파이프가 순서가 뒤바뀐 채 테이블 위에 줄지어 놓여 있다는 것을 깨닫는다. 그들은 몇 가지 실마리로 이 뒤섞임을 바로잡아야 한다.

1) 그렉슨의 파이프 옆에는 한 사람의 파이프만 있다.
2) 왓슨의 파이프는 줄지어 놓인 네 개의 파이프 중 첫 번째 것이다.
3) 레스트레이드의 파이프는 그렉슨의 파이프 옆에 있지 않다.

당신은 파이프 순서를 추론하여 각 파이프 아래에 주인 이름을 적을 수 있는가?

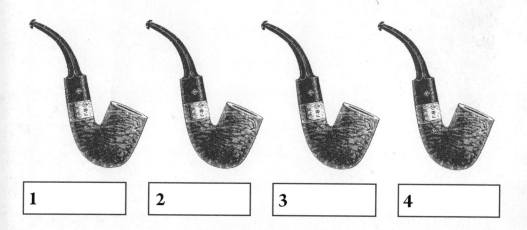

1   2   3   4

2-MINUTE
PUZZLE

담배 분말

문제 해결

★ ★ ★

셜록은 파이프에 넣을 담배 봉지를 고르고 있다. 담배 가게에는 여러 가지 제품이 있는데, 제일 오랫동안 파이프를 피울 수 있는 가성비가 최고인 것을 구입하고자 한다. 그는 가격이 같은 다음 세 개의 봉지로 선택 범위를 좁혔다.

A 봉지에는 파이프를 10번 채울 수 있는 양이 들어 있으며, 천천히 타기 때문에 파이프를 한 번 채우면 15분 동안 피울 수 있다.

B 봉지에는 파이프를 12번 채울 수 있는 양이 들어 있다. 하지만 A 봉지가 제공하는 파이프당 15분이라는 흡연 시간의 90%만 피울 수 있다.

C 봉지에는 파이프를 14번 채울 수 있는 양이 들어 있다. 하지만 B 봉지가 제공하는 파이프당 흡연 시간의 80%만 피울 수 있다.

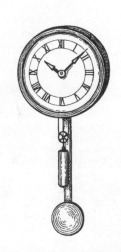

멈춰버린 시계

수학

★ ★ ★

조나단은 빅토리아 시대의 영국에서 유명한 시계 가게를 운영했다. 벽에 시계들을 근사하게 걸어놓았고, 시간도 모두 정확히 맞았다. 이것은 시계가 잘 작동하도록 지속적으로 태엽을 감아준 덕분이다. 그런데 몸이 안 좋아 며칠 쉬고 일터로 복귀했더니 안타깝게도 모든 시계가 멈춰 있었다. 이제 태엽을 엄청나게 많이 감아야 한다!

만약 조나단이 첫 번째 시계를 감는 데 20초가 걸리고, 두 번째 시계를 감는 데 21초, 세 번째 시계를 감는 데 22초가 걸리는 식이라면, 총 50개의 시계를 다 감는 데 얼마의 시간이 걸릴까?

30-SECOND PUZZLE

누군가를 겨냥함

문제 해결

★ ★ ★

글 자가 새겨진 약실마다 총알이 장전된 총이 발견되었다. 글자를 뒤섞어 의도한 대상의 이름을 나타내보라. 셜록 홈즈 이야기에서 여러 번 나오는 등장인물의 이름이다.

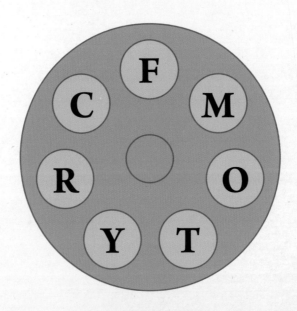

상자 조립

인지

★ ★ ★

소포 상자에서 수잔 카싱은 섬뜩한 내용물이 담긴 소포를 우편으로 받았다. 아래 전개도 중 상자 형태로 조립될 수 있는 것은 무엇인가?

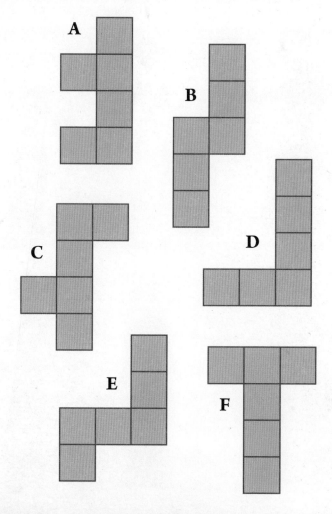

2-MINUTE
PUZZLE

램프 불빛 속 여인

인지

★ ★ ★

" **갑** 자기 한 여자가 그림자 밖으로 나와서 램프 불빛의 황금빛 궤도에 서 있었어요. 어둠 속에서 그녀의 얼굴은 보이지 않았고요……."

미스터리한 여성이 홈즈와 왓슨 앞에 나타났다! 그녀의 실루엣과 정확히 일치하는 이미지(A, B, C, D)는 무엇인가?

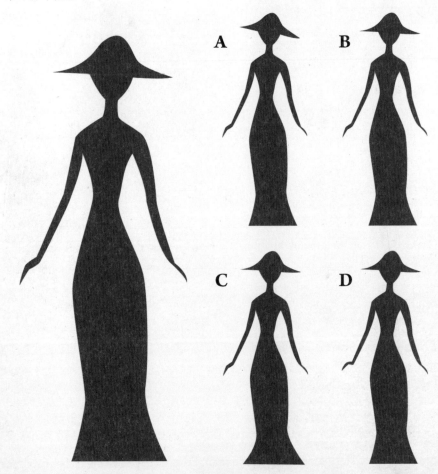

토탈 리콜

기억

★ ★ ★

셜록 홈즈의 전설적인 기억력에 버금가도록 당신도 기억력 훈련을 해보자! 1분 동안 아래 텍스트를 읽은 후, 다시 보지 않고 아래 질문에 답하면 된다.

"파이프 원가가 7실링 6펜스였을 거야. 여기 좀 보게나. 이 파이프는 나무 대 한 번, 호박 물부리 한 번, 이렇게 두 번이나 수선되었어. 보다시피 은색 밴드를 둘러서 수선했기 때문에 파이프 원가보다 더 많은 비용이 들었을 거야… 이 사람은 램프 불꽃이나 가스 불꽃으로 파이프에 불을 붙이는 습관이 있었다네. 파이프 한쪽 면이 다 그을린 걸 보면 알 수 있지. 성냥으로 불을 붙이면 이렇게 될 리가 없거든. 왜 성냥불을 굳이 파이프 옆에 대겠나? 램프 불꽃으로 불을 붙이면 파이프가 그을릴 수밖에 없어. 그런데 그을린 쪽이 온통 오른쪽인 걸 보면 이 사람은 왼손잡이일 걸세… 그리고 호박 물부리를 깨물기도 했어. 이렇게 치아 자국이 남을 정도면 근육질이고 힘이 넘치는 사람일 거야. 튼튼한 치아는 덤이겠지."

질문

1) 그 남자는 램프 불꽃과 무엇에 파이프를 켜는 습관이 있었는가?

2) 어떤 것을 둘러서 수선하였는가?

3) 파이프의 원가는 얼마였는가?

4) 호박 물부리를 깨물었다는 점에서 셜록이 이 사람을 묘사하는 데 사용한 두 개의 형용사는 무엇인가?

등장인물 테스트

문제 해결

★ ★ ★

셜록 홈즈 원작에 나오는 등장인물들 이름을 맞은편 그리드에 배치해보자. 배치한 이름은 줄을 긋는다. 모든 이름을 동시에 배치할 수 있는 방법은 하나뿐이다.

다섯 글자	여섯 글자	일곱 글자	여덟 글자	아홉 글자
아들러 Adler	홈즈 Holmes	더글라스 Douglas	레스트레이드 Lestrade	포레스터 Forrester
존스 Jones	허드슨 Hudson	페리에 Ferrier		스테이플턴 Stapleton
라이언스 Lyons	솔토 Sholto	그렉슨 Gregson		
스미스 Smith	워렌 Warren	모르스탄 Morstan		
스타크 Stark		마이크로프트 Mycroft		
		폴락 Porlock		
		위긴스 Wiggins		

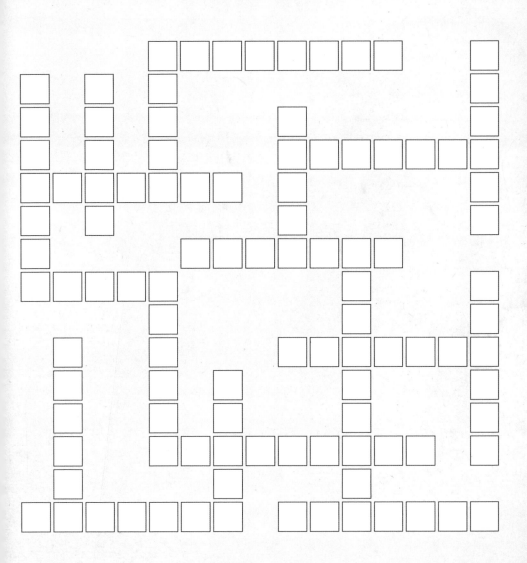

5-MINUTE
PUZZLE

지하에 깔린 것

문제 해결

★ ★ ★

홈즈와 왓슨은 런던의 지하 하수도를 헤집고 다니는 범죄자를 바짝 뒤쫓고 있다. 그는 범죄 현장을 벗어나 경찰 수사망을 피해 다니고 있다. 맨홀들이 서로 어떻게 연결되어 이웃 지역과의 통로를 형성하는지 파악하는 것은 탐정 듀오의 몫이다. 당신도 아래 지침을 잘 읽어보고 범죄자가 활용한 하수도 시스템 지도를 홈즈와 왓슨이 정확히 그리도록 도와보자.

맨홀 뚜껑은 아래 도표에 원으로 표시되어 있다. 그 사이에 직선을 그어 지하 터널을 표시한다. 각 맨홀 뚜껑 위에 있는 숫자는 맨홀 사이에 몇 개의 터널을 그려야 하는지를 나타낸다. 터널은 서로 교차할 수 없으며 수평 또는 수직으로만 그릴 수 있다. 또한 한 쌍의 맨홀 뚜껑 사이에는 최대 두 개까지의 터널이 있을 수 있다. 완성되면 모든 맨홀 뚜껑들은 서로 연결되어 하나의 그룹이 된다.

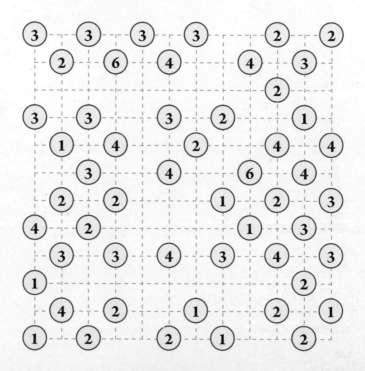

5-MINUTE PUZZLE

몇 분
문제 해결
★ ★ ★

홈즈와 왓슨은 모리아티를 추격하는 도중 어떤 문을 열고 들어갔다. 그런데 그 문이 닫히면서 방치된 창고에 갇혔다는 것을 깨닫는다. 목숨을 잃을까 두려우니 어서 탈출해야 한다. 미로 같은 건물을 최대한 빨리 통과할 수 있는 경로를 정확하게 그려보자.

건물 1층의 손이 가리키는 지점에서 시작하여 맨 위층의 "나가는" 손을 통해 빠져나간다. 오른쪽 화살표〉에서는 오른쪽 그림인 위층의 동일한 위치로 이동할 수 있고 왼쪽 화살표〈에서는 왼쪽 그림인 아래층의 동일한 위치로 이동할 수 있다. 화살표가 있는 귀퉁이마다 층을 오르락내리락 할 필요는 없다. 올라갈 수도 있고 내려갈 수도 있으며, 그냥 지나칠 수 있는 계단으로 보면 된다.

10-MINUTE PUZZLE

운명의 날짜

문제 해결

★ ★ ★

홈즈와 왓슨은 우편으로 퍼즐을 보낸 살인범을 쫓고 있다. 퍼즐을 풀면 일, 월, 연도의 순서로 다음번 희생자가 희생당할 날짜가 나온다. 지금까지 런던 경찰국은 범인 추적에 줄곧 실패했었기에 홈즈와 그의 훌륭한 조력자에게 도움을 청했다. 당신은 아래 퍼즐을 풀고 살인범이 계획한 다음 범행 날짜를 확인할 수 있는가?

날짜는 진한 사각형에 나타날 것이다. 1~9의 숫자를 각 행, 열 및 굵은 선의 3×3 상자에 한 번씩 배치한다.

	8					3		
5				2	9		1	
	3		6		7	5		
7							8	9
			4		5			
1	6							5
		3	8		4		7	
		1		9	3			4
			9			6		

다섯 개의 오렌지 씨
수평적 사고

★ ★ ★

다섯 개의 오렌지 씨 사건 이후, 셜록 홈즈는 인근 농장에서 자신만의 오렌지 나무를 기르고 싶은 마음이 갑자기 들었다. 그는 정성스레 나무를 보살폈고, 월요일에 한 번, 화요일에 두 번, 수요일에 세 번씩 물을 주어서 한 주의 끝인 일요일에는 일곱 번 물을 주었다. 이 과정을 반복했다. 총 48일이 지났을 때 셜록은 사과나무에 몇 번 물을 주었는가?

2-MINUTE PUZZLE

시간 대결
수학

★ ★ ★

홈 즈, 왓슨 그리고 런던 경찰국은 패딩턴에서 기차를 타고 런던을 탈출하려는 한 범죄자를 중간에 가로막을 계획을 세운다. 그들은 범죄자가 2인승 마차를 불러 역까지 시속 10마일 속도로 8마일을 가려는 것을 알고 있다. 홈즈와 왓슨 역시 동시에 출발하여 역까지 시속 12마일 속도로 9마일을 가고 있다. 누가 먼저 패딩턴 역에 도착할까? 탐정 듀오인가 아니면 범죄자인가?

1-MINUTE PUZZLE

수감
수평적 사고

★ ★ ★

레 스트레이드는 뉴게이트 교도소에서 교도관들의 업무 효율성을 평가하고 있다. 그는 10명의 교도관이 10분 안에 10명의 죄수들을 수감시킬 수 있다는 것을 알고 있다. 그렇다면 200분 안에 200명의 죄수들을 수감시키는 데 몇 명의 교도관이 필요한가?

기차표 맞아요
수평적 사고

★★★

홈즈와 왓슨은 목적지도 모른 채 어떤 기차에 떠밀려 탔다. 어디로 가고 있는지 아직 듣지 못했지만, 기차가 출발하기 전에 사라졌던 의문의 사람이 나타나 기차표 어딘가에 목적지가 숨겨져 있다고 안심시켜주었다. 당신은 탐정 듀오가 향하는 곳을 파악할 수 있는가?

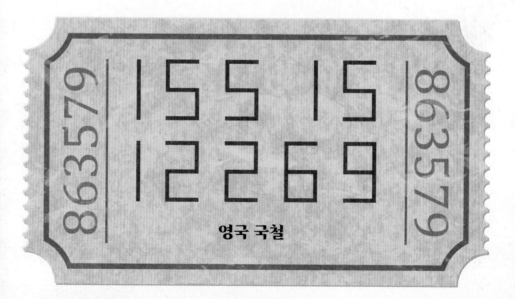

5-MINUTE PUZZLE

새로운 시각
문제 해결

★ ★ ★

허 드슨 부인이 베이커 가 하숙집에서 봄맞이 대청소를 하고 있다. 박사와 탐정이 사건을 마무리 짓고 집으로 돌아오기 전에 끝낼 예정이다. 그러다 셜록의 책상 위에서 숫자 그리드와 체크리스트가 적힌 종이 한 장을 발견한다. 종이 뒷면에 날짜를 죽 적어놓은 걸 보니 홈즈가 꽤 오랫동안 고민해온 퍼즐로 보인다. 허드슨 부인은 잠시 청소를 멈추고 풀어보기로 한다. 셜록이 돌아오기 전까지 이 두뇌 회전 퀴즈를 풀어낸다면 얼마나 짜릿할지. 런던 최고의 탐정은 적잖은 충격을 받을 것이다.

0-0조각부터 6-6조각까지 28개의 도미노 조각이 그리드에 하나씩 놓여 있다. 모든 조각의 위치를 파악하여 조각 사이의 경계를 표시할 수 있는가?

0	0	0	3	0	5	3	2
1	4	6	6	4	5	4	5
2	6	5	6	3	1	5	2
0	3	5	0	3	2	6	4
5	2	1	2	1	2	6	4
2	6	1	0	3	4	5	4
3	1	4	1	1	6	0	3

	0	1	2	3	4	5	6
6							
5							
4							
3							
2							
1							
0							

순서, 순서!
문제 해결
★ ★ ★

런던 경찰국의 한 경찰관이 무기력한 듯 머리를 긁적이고 있었다. 방금 받은 편지를 열어보았는데 알쏭달쏭한 메시지가 담겨 있다. 당신이 편지 내용을 읽고 이 경찰관이 누구와 연락해야 하는지 알려줄 수 있는가?

담당자에게:
몹시 끔찍한 범죄가 발생했습니다.
자세한 내용은 아래로 문의 바랍니다.

AYWNORHRSLI

진심을 담아,

7, 1, 6, 8, 2, 3, 11, 10, 9, 5, 4

2-MINUTE
PUZZLE

살얼음판

수평적 사고

★ ★ ★

런던에서 활개치고 다닌 도둑 일당이 훔친 물건들을 얼음 블록 안에 교묘하게 숨겨놓았다. 이 훔친 물건들을 제 주인에게 돌려주는 것이 홈즈와 왓슨의 몫이다. 얼음 블록은 3스톤 무게이고 따뜻한 물 5잔은 ½온스의 얼음을 녹일 수 있다. 3스톤 블록을 녹이려면 몇 개의 잔이 필요한가?

5-MINUTE PUZZLE

마지막 단어

문제 해결

★ ★ ★

" **이** 방 한쪽 구석에 벽지가 넓게 뜯겨 그 밑의 노랗고 거친 벽이 드러나 있었다. 그런데 누가 이 횅한 자리에 피처럼 붉은색으로 단어 하나를 휘갈겨 써놓았다."

주홍색 연구에서 로리스턴 가든의 벽에 누군가 라체RACHE라는 단어를 한 번 써놓았다. 레스트레이드는 이 이름이 "레이첼Rachel"일 것이라고 추측하지만 홈즈는 냉소적이다.

당신은 아래 그리드에서 "레이첼Rachel"이라는 이름을 몇 번이나 찾을 수 있는가? 가로, 세로 또는 대각선으로 놓여 있고 앞으로 혹은 뒤로 읽을 수 있다.

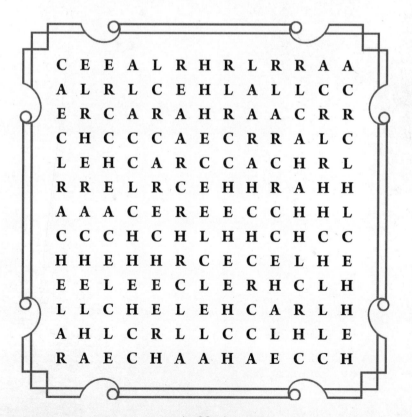

2-MINUTE PUZZLE

모두 있긴 한데 잘못된

문제 해결

★ ★ ★

왓슨은 그동안 고생 많았던 셜록을 위한 생일 선물로 다소 비싼 물건을 주문했다. 파이프를 보관할 수 있는 고급스럽고 화려한 나무 상자였다. 이름도 새길 수 있는데 그 방식이 아주 독특하다. 홈즈HOLMES의 각 철자가 상자 윗면 6×6 그리드의 각 행과 열에 한 번 나타나는 방식이다. 안타깝게도 제작 과정에 문제가 생겨 몇 개의 정사각형이 비어 있었다. 각 빈칸에 H, O, L, M, E, S 글자를 올바로 채울 수 있는가?

O	S			E	L
		M		L	
S	M				
				M	E
	L		O		
L	E			S	M

옷차림 오작동

문제 해결

★ ★ ★

최근 사고로 인해 왓슨의 시야가 흐려지고 있었다. 홈즈는 동료에게 그다지 살갑게 구는 편이 아니라서 왓슨이 끊임없이 도움을 요청하는 것에 금방 지쳐버렸다. 그래서 왓슨이 도움을 요청할 때마다 그를 시험하기 시작했다. 이번에 왓슨이 부탁한 것은 신발짝 맞추는 것이다. 왓슨은 옷장에 12개의 신발을 가지고 있다. 흰색 신발 네 개, 검은색 신발 네 개, 갈색 신발 네 개이다.

"자, 나의 친구 왓슨, 내가 자네의 신발을 하나하나 아니까 색깔마다 총 몇 개를 가지고 있는지도 아는데, 같은 색 신발을 확실히 두 개 이상 집으려면 옷장에서 최소 몇 개를 꺼내야 하는가?"

설거지하기

수학

★ ★ ★

허드슨 부인은 일주일 동안 여동생 집에 있다가 베이커 가로 돌아왔는데 부엌에 쌓여 있는 냄비와 팬을 보고 놀라 뒤로 주춤했다. 홈즈와 왓슨이 설거지를 전혀 하지 않은 것이 분명했다. 특히 싱크대 안에 커틀러리가 산더미같이 쌓여 있었다.

허드슨 부인은 싱크대 안에서 씻어야 할 더러운 포크와 스푼을 63개나 발견하고는 경악했다. 집 안에 있을 거라 생각했던 것보다 더 많은 양이다! 포크보다 스푼이 2.5배 더 많다면, 허드슨 부인은 포크와 스푼을 몇 개나 씻어야 하는가?

네 개의 숫자

문제 해결

★ ★ ★

"**개**별 존재로서의 인간은 알쏭달쏭한 수수께끼이지만 군중 속의 인간은 수학적 정확성을 띤다네."

왼쪽에 있는 숫자들을 찾아보자. 가로, 세로 또는 대각선으로 놓여 있고 정방향 또는 역방향으로 놓일 수 있다. 모두 찾은 후 그리드에 남은 숫자들에서 **네 개의** 서명과 관련한 중요한 사실을 확인해보자.

2	3	2	7	6	8	7	6	5	6	5	4
3	2	3	4	0	1	2	3	2	1	7	3
4	4	2	4	5	3	4	5	4	3	0	1
2	1	9	1	2	3	8	4	5	2	8	0
3	9	7	6	2	2	2	6	9	1	2	4
4	1	8	3	4	3	5	4	3	5	3	2
2	7	6	3	3	5	7	5	3	5	4	5
3	2	2	8	2	1	6	8	3	2	6	8
8	7	7	8	8	2	6	4	2	7	7	4
9	9	3	8	8	1	6	9	5	3	5	0
1	1	7	1	5	4	1	6	3	8	4	4
6	9	2	1	3	4	2	7	8	6	7	2

182
301
1516
2584
5654
6138
9213
08254
21962
45764
56756
63844
64564
70386
87923
273726
342786
396133
546453
782342
1171541
1188833
1232173
2419172
4354353
4534543
4564587
6786723
8823422
9723428
23423423
23423542
34643534

거울상
인지

★ ★ ★

"홈즈 선생, 그 얼굴의 무엇 때문인지는 모르겠지만 어쩐지 등골이 오싹해지는 것 같았습니다. 제가 조금 떨어져 있어서 특징을 뚜렷이 알아볼 수는 없었지만 얼굴에는 부자연스럽고 비인간적인 무언가가 있었습니다… 저는 5분쯤 서서 무슨 내막인지 곰곰이 생각해보며 제가 받은 인상을 분석하려고 했습니다."

강도 사건의 목격자가 범인과 마주친 순간을 되뇌고 있다. 하지만 거울에 비친 얼굴만 보아서 정확하지 않다. 범인의 거울 이미지(A, B, C, D)는 무엇인가?

A　　　　　**B**　　　　　**C**　　　　　**D**

바코드
수평적 사고

★ ★ ★

셜록은 어떤 한 사건을 논의하기 위해 와인 바에서 경찰과 만나는 자리를 마련했다. 경찰관은 자신이 미행당하는 게 아닌지 의구심이 들어, 그들의 모습이 명확히 드러나지 않으면서 그들의 대화를 엿들을 수 없게 시끄러운 자리를 원했다.

경찰관은 셜록에게 아래의 종이 한 장을 건넸다. 아무리 봐도 내용 파악이 안 되었다. 한 가지 확실한 건 종이 상단의 문구에 사건을 해결하는 데 도움이 될 만한 이름이 있다는 것이었다. 셜록은 종이를 한번 훑어보더니 이내 그 이름을 밝혔다. 당신도 똑같이 할 수 있는가?

내가 체포되면
전리품을 찾기 위해
연락해야 할 사람이다.

QARFCDAHISBAKLDTE

SAWERAPTVHIDESRNO

봉인
인지
★ ★ ★

홈 즈는 탁자 위에 펼쳐놓았던 두툼한 분홍색 편지지를 건네주며 말했다. "이 편지를 쓴 사람은 엄청난 부자일 걸세." 나[왓슨]는 동료의 추리법을 흉내 내며 말했다. "이런 종이는 한 묶음에 반 크라운 이하로는 살 수 없거든. 아주 질기고 빳빳한 최고급 종이로군."

편지 겉봉의 디자인이 세밀하고 정교했을 뿐만 아니라 밀랍 봉인에는 무척 독특한 패턴이 있었다. 당신은 아래 이미지에서 몇 개의 삼각형을 찾을 수 있는가?

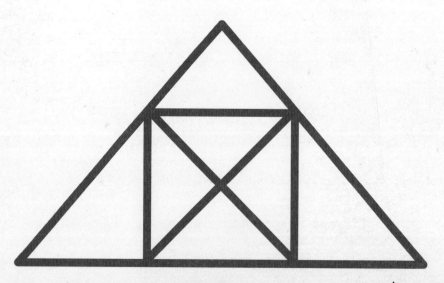

멈추고 계단을 봐

문제 해결

★ ★ ★

"자네는 현관에서 이 방으로 올라오는 계단을 여러 번 봤지 않는가."

"그렇지."

"몇 번이나 보았다고 생각하나?"

"글쎄, 수백 번은 보았을 거야."

"그렇다면 계단이 모두 몇 개인지 알고 있나?"

"몇 개냐고? 정확히는 모르겠는걸."

"그것 봐! 자네는 보기만 했을 뿐 관찰하지 않았던 거야."

보헤미아 스캔들에서 왓슨은 셜록의 이 말을 듣고 심기가 불편해졌다. 그래서 계단 수를 셀 뿐만 아니라 더 깊이 연구하기로 결심하고, 이 유명한 탐정에게 몇 가지 질문을 던진다. 왓슨은 아래 도표처럼 계단의 입체적 크기를 측정했다. 당신은 이렇게 표시된 계단의 둘레를 파악할 수 있는 가? 피트와 인치로 답하면 된다.

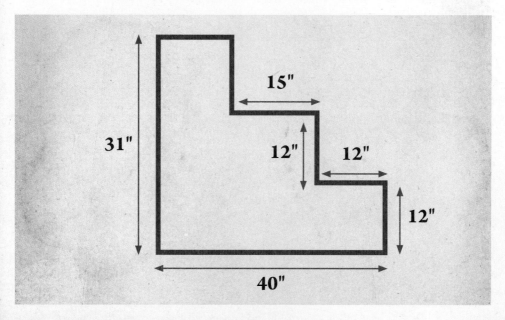

서류 처리

인지

★ ★ ★

왓슨 앞에 놓인 두 장의 종이가 반으로 접혀 그 안에 적힌 단어가 가
려졌다. 이 두 종이 옆에는 홈즈의 이런 메모가 있다. **"런던에서
두 번째로 위험한 남자."**

종이 두 장에 있는 각 이름을 추론해보자. 홈즈가 말하고 있는 남자는
누구인가?

SEBASTIAN

MORAN

무너진

인지

★ ★ ★

왓슨이 예술적으로 쌓아놓은 중산모 컬렉션을 가정부가 실수로 건드려 무너뜨렸다. 아래 그림을 보고 중산모가 몇 개인지 맞혀 보자.

10-MINUTE PUZZLE

원점으로 돌아오다
문제 해결

★ ★ ★

" **홈** 즈가 정한 대로 다음 날 만나서 그가 말했던 베이커 가 221B번지의 하숙집을 살펴보았
다… 하루 이틀 동안은 짐을 풀고 효율적으로 정리해 넣느라 바빴다. 짐 정리가 다 되자
우리는 안정감을 찾고 점차 새로운 환경에 적응해가기 시작했다."

홈즈와 왓슨의 찰떡같은 협력 관계는 221B번지의 하숙집으로 이사해 함께 살면서 더욱 견고해
졌다. 어린 시절 근처 동네에서 자랐던 왓슨은 어떻게 보면 자신의 삶이 한 바퀴 돌아 원점으로
왔다고 느꼈다.

아래의 동그라미 스도쿠를 풀 수 있는가? 여덟 개의 부채꼴과 여덟 개의 동심원 각각에 1~8의 숫
자를 한 번씩 배치해야 한다.

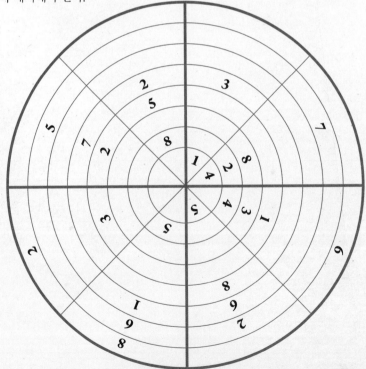

바람과 함께 사라지다

문제 해결

★ ★ ★

허드슨 부인이 221B번지를 청소하고 있는데 열린 창문으로 돌풍이 불어와 식탁에 놓인 셜록의 몇몇 서류가 흐트러졌다. 셜록의 성격상 자기가 하던 작업이 조금이라도 흐트러지면 얼마나 언짢아할지 알기에 부인은 서류를 다시 정리하기 시작한다. 그중 일부는 숫자가 몇 개 적힌 정사각형으로 이루어진 요상한 모양으로 잘려져 있다. 이 조각들을 마치 직소 퍼즐 맞추듯이 빈 6×6 그리드에 배치해야 하는 게 분명해 보인다. 허드슨 부인이 셜록의 서류를 다시 정돈하려면 조각들을 어떻게 놓아야 할까? 조각은 회전시키지 않아도 된다. 잘 정돈되었는지 알려면 각 행, 열 및 직소 영역에 1~6의 숫자가 한 번씩 들어가 있는지 확인하면 된다.

책 속의 모든 마법

문제 해결

★ ★ ★

홈즈와 왓슨은 한 남자를 포로로 잡고 있는 범죄자를 체포했다. 부유한 가족에게서 몸값을 받으려던 계획이었다. 이 악당은 잡혔는데도 그 불쌍한 포로를 어디에 숨겼는지 밝히지 않고 서재에서 숫자 조합이 불완전해 보이는 책장을 가리키기만 했다. 홈즈는 이 책장에 특정한 책을 꽂으면 패턴이 완성되어 포로로 잡혀 있는 남자에게 가는 비밀 통로가 드러날 것이라고 추론한다. 당신은 각각의 빈 책에 올바른 글자를 써서 탐정 듀오가 피해자를 구출하도록 도와줄 수 있는가? 셜록은 각 책의 번호가 로마 숫자로 그 아래에 있는 책 두 권의 합이라고 가정했다.

기본 상식

기억

★ ★ ★

"**나**는 짧게 나누었던 대화를 곰곰이 생각해보면서 그것을 바탕으로 추론해보려고 애썼다… 심지어 연필로 적어보았다. 목록을 완성하자 슬쩍 웃음이 터져나왔다."

첫 번째 회의에서 왓슨은 존경받는 탐정이 지닌 기술 및 약점을 요약한다. 맞은편 목록을 3분 동안 공부한 후 목록을 다시 보지 말고 아래 질문에 답해보자.

질문

1) 목록의 4번에 언급된 지식영역은 무엇인가?
2) 왓슨이 셜록의 해부학 지식을 묘사하는 데 사용한 세 단어로 된 구절은 무엇인가?
3) 왓슨에 따르면 셜록이 "전무"한 상태인 지식은 몇 가지인가?
4) 11번에서는 세 가지 활동이 수준급이라고 말한다. 세 가지는 무엇인가?
5) 왓슨이 셜록의 식물학 지식을 묘사하기 위해 사용한 단어는 무엇인가?

1. 문학 지식 – 전무함.

2. 철학 지식 – 전무함.

3. 천문학 지식 – 전무함.

4. 정치학 지식 – 미미함.

5. 식물학 지식 – 편차가 큼. 벨라도나… 그리고 독성 식물에 대해서는 해박함. 실용적인 원예 지식은 아는 게 없음.

6. 지질학 지식 – 실용적이지만 한정적임. 여러 종류의 토양을 한눈에 구별함. 산책 후 나의 바지에 흙이 튀었는데 색깔과 점도를 보고 런던의 어느 지역에서 묻어온 것인지 말해줌.

7. 화학 지식 – 해박함.

8. 해부학 지식 – 정확하지만 체계가 없음.

9. 범죄 문학 지식 – 방대함. 금세기에 자행된 모든 중범죄의 내용 하나하나를 알고 있는 것 같음.

10. 바이올린 연주 수준급.

11. 싱글스틱, 권투, 검술 선수급.

12. 영국 법에 대한 실용적 지식이 풍부함.

사자굴에서

수평적 사고

★ ★ ★

스트레이드는 많은 고민 끝에 한 가지 특별한 부탁을 하러 홈즈의 베이커 가 하숙집 문을 두드렸다. 어느 누구도 해결하지 못한 사건을 처리하는 데 수평적 사고력은 도움이 되기 때문에 그는 홈즈에게 수평적 사고력 훈련에 시간을 내줄 수 있는지 물어봤다. 셜록은 흔쾌히 동의했고 다음 수수께끼로 시작했다. 당신도 풀 수 있는가?

"한 여성이 여유롭게 산책을 하며 주변 경치에 감탄하고 있다. 더운 여름날이고 모두가 눈부신 날씨를 즐기고 있다. 그런데 갑자기 그 여성이 일정 거리에 있는 사자를 염탐하더니 피하기는커녕 계속 앞으로 다가가고 있다. 그러고는 의도적으로 그 치명적인 맹수에게 접근한다! 왜일까?"

다듬어지지 않은 다이아몬드

문제 해결

★ ★ ★

레 스트레이드는 셜록 홈즈를 경찰서로 불렀는데, 그가 백작 부인의 블루 카번클의 가격을 추정해줄 수 있으리라 생각한 것이다. 이 보석은 최근 크리스마스 때 거위 배 속에서 나온 것으로 백작 부인은 이 보석을 무사히 되찾을 수 있다면 거액을 내놓겠다고 했다. 광석과 광물에 대한 광범위한 지식으로 무장한 셜록이 이 사건에 안성맞춤이다. 이 귀중한 보석의 가치를 평가하려면 누락된 숫자를 간단히 채우기만 하면 된다. 두 개의 진한 삼각형의 값을 더하면 셜록이 추정한 블루 카번클의 파운드 값이 나타난다. 퍼즐에서 모든 육각형은 여섯 개의 삼각형으로 나뉜다. 이 여섯 개 삼각형의 합은 항상 25이다. 각 빈 삼각형에 1~9의 숫자를 넣어 퍼즐을 완성해보자. 육각형 안에서는 같은 숫자를 쓸 수 없다.

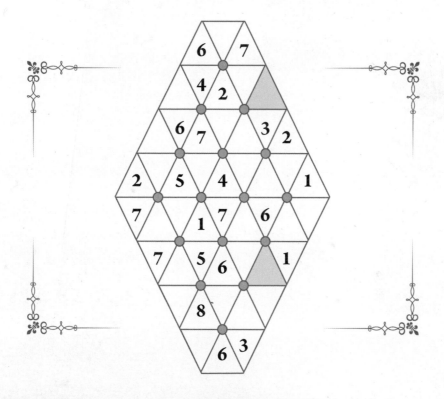

단조롭고 고된 일

수학

★ ★ ★

셜록은 수상한 행동이 감지되고 있다는 경찰 제보에 따라 농장의 출입 상황을 은밀히 관찰하고 있었다. 잠복근무를 할 때 늘 그렇듯이 별다른 일이 일어나지 않는 시간이 많았다. 오늘이 바로 그런 날이었다. 셜록은 온종일 나무 위에 있었고, 본 것이라고는 한 일꾼이 농장에 도착한 당나귀 몇 마리를 수용할 울타리를 만드는 것뿐이었다. 그 일꾼은 좌우로 10미터에 달하는 울타리를 한 줄로 세웠다. 울타리 기둥은 1미터 간격으로 배치했다. 10미터 길이 울타리를 세우기 위해 총 몇 개의 울타리 기둥을 사용했는가?

바다에서 실종된

문제 해결

★ ★ ★

레 스트레이드 경감은 홈즈와 왓슨에게 영국 해안에서 실종된 함대의 위치를 확인하는 것을 도와달라고 했다. 경감은 해안 경비대에서 제공한 문서는 알아보기 어렵지만 아래 지도만 으로도 각 선박의 위치를 파악할 수 있다고 장담했다. 논리력을 발휘하여 경감이 지도에서 각 배의 위치를 표시할 수 있도록 도와주자.

그리드 가장자리 숫자는 각 행 및 열에 있는 배 조각 개수이다. 배는 사방(수평, 수직, 대각선)이 물로 둘러싸여 있다. 총 크기가 다른 10척의 배가 있다.

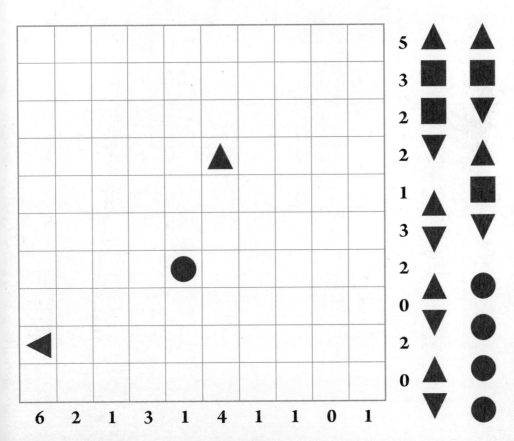

5-MINUTE
PUZZLE

험한 물의 다리

문제 해결

★ ★ ★

홈 즈와 왓슨은 베니스 경찰국이 국제적인 보석 도둑을 체포하는 데 도움을 주고 있다. 추격을 받은 범죄자는 복잡한 운하 시스템으로 들어가 탐정 듀오를 따돌리려 한다. 홈즈와 왓슨이 범죄자를 체포하러 가야 할 경로를 입구부터 출구까지 추적해보자. 미로에는 다리가 여러 개 있는데, 다리 아래로도 위로도 갈 수 있다.

적을 알라

수학

★ ★ ★

왓슨과 함께 라이헨바흐 폭포로 향하던 셜록은 숙적인 모리아티가 자신을 감시하고 있다는 느낌이 왔다. 방금 추가적으로 알게 된 것은 모리아티가 혼자가 아닌 여러 명의 동료와 함께 있다는 것이다. 세 명의 소년이 함께 있었는데, 그중 한 명이 왓슨에게 병든 여성에 대한 가짜 편지를 건네주었다. 이로 인해 왓슨은 호텔로 돌아가게 되었고 셜록은 혼자 남게 되었다. 소년 중 한 명은 키가 150cm였고, 세 소년의 평균 키는 145cm였다. 당신이 다른 두 소년의 키를 계산할 수 있는가? 그중 한 명이 다른 한 명보다 5cm 더 크다는 점을 감안한다.

30-SECOND
PUZZLE

민트 취향

수학

★ ★ ★

셜록은 허드슨 부인이 사온 초콜릿 민트를 꺼내어 사건 해결을 축하하는 시간을 보내고 있다. 화이트 초콜릿으로 덮인 12개의 민트, 밀크 초콜릿으로 덮인 10개의 민트, 다크 초콜릿으로 덮인 13개의 민트가 있다. 오늘 홈즈는 밀크 초콜릿으로 덮인 민트가 먹고 싶으니 다른 선택지는 필요치 않다. 그런데 팔을 뻗으면서 바닥에 있는 상자를 치는 바람에 초콜릿이 사방으로 흩어져버렸다. 만약 그가 바닥에 손을 뻗어 초콜릿 하나를 무작위로 집는다면, 그 선택에 실망할 확률은 얼마나 될까?

2-MINUTE
PUZZLE

사랑의 헛수고

문제 해결

★ ★ ★

낭만적 영혼의 대명사인 쿠엔틴은 여러 달 동안 한 여성에게 구애하여 마침내 승낙을 받았다. 며칠 지나지 않아 그가 살인 혐의로 경찰에 체포되어 연인과의 관계가 즉시 끝나게 되었을 때 얼마나 허망했을지 상상해보라. 도움이 절실했던 그는 셜록 홈즈를 찾아가 사건을 해결하고 자신의 결백을 증명해달라고 했다. 쿠엔틴이 3월 1일에 구애를 시작했고 196일 후에 받아들여졌다면, 여자 친구가 데이트하기로 동의한 날짜는 언제인가?

보조 바이올린 연주하기

인지

★ ★ ★

" **친**애하는 왓슨, 유명한 탐정의 자질 중 하나는 세세한 부분까지 샅샅이 관찰하는 것이라네." 홈즈가 말했다.

당신의 관찰력을 발휘하여 나머지와 다른 하나의 바이올린을 골라낼 수 있는가?

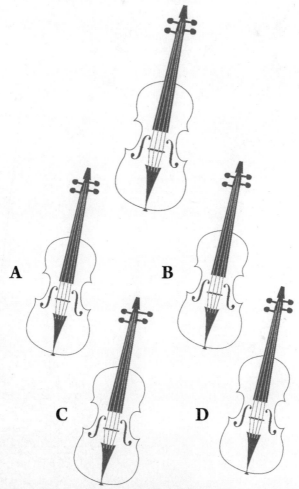

2-MINUTE PUZZLE

샅샅이 찾기

수학

★ ★ ★

홈 즈, 레스트레이드, 왓슨은 숲이 빽빽한 지역으로 들어가 추격해오던 용의자를 찾고 있다. 그들은 아래에 묘사된 지역 어딘가에 용의자가 숨어 있다는 것을 알고 있지만, 빠르고 효율적인 수색을 위해 사냥개를 동원하려고 한다. 아래 패널에 있는 정보에 따르면 몇 마리의 사냥개를 요청해야 하는가? 필요한 사냥개 수는 수색해야 하는 면적에 따라 다르다.

0 m² to 25 m² = 사냥개 5마리
25 m² to 50 m² = 사냥개 10마리
50 m² to 75 m² = 사냥개 15마리
75 m² to 100 m² = 사냥개 20마리

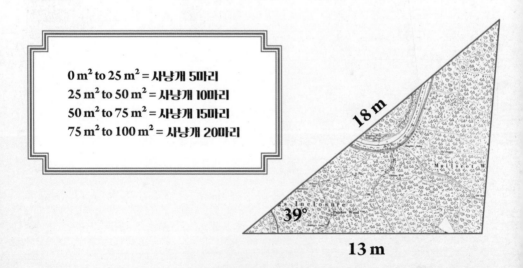

18 m

39°

13 m

법률 서신
수평적 사고

★ ★ ★

홈즈와 왓슨은 런던 동부의 한 폐가로 베일에 싸인 인물의 뒤를 밟았다. 진행 중인 수사와 관련해 지명수배 중인 사람이 이곳을 근거지로 활동해온 것으로 보인다. 탐정 듀오가 발견한 것은 책상 위의 타자기와 그 옆에 쌓인 종이 더미뿐이다. 홈즈는 면밀히 관찰한 후 드디어 이 사람의 신원을 알아냈다고 외친다. 당신도 그가 누구인지 알아낼 수 있는가? 셜록 홈즈 이야기에 나오는 등장인물 이름들을 알고 있으면 도움이 될 것이다.

영혼의 피난처

문제 해결

★ ★ ★

셜록과 왓슨 박사는 잔인한 살인 사건의 핵심 증인을 보호하고 있는 교회로 갔다. 증인은 사건 직후 삶을 저버리려고 시도했었다. 5월의 어느 날, 그들은 사건의 핵심 내용을 확인하기 위해 증인에게 몇 가지 질문을 하러 갔다. 날짜는 며칠인가? 그날은 짝수도 아니고, 소수도 아니고, 3의 배수도 아니고, 전날은 이날과 같은 달이다.

1-MINUTE
PUZZLE

활짝 열어
수평적 사고
★ ★ ★

홈즈가 새로운 사건을 브리핑하길 기다리는 동안 왓슨 박사는 수평적 사고 퍼즐을 풀며 창의력을 강화하려 한다. 당신이 이 두뇌 회전 문제 풀이를 도와줄 수 있는가?

한 남자가 스트레스 가득한 꿈에서 깨어나 아침 일과를 시작한다. 커튼을 활짝 열고 창문 빗장을 풀자 신선한 공기가 방 안 여기저기를 춤추듯 몰아친다. 그는 아침 식사를 준비하기 시작한다. 먼저 개봉하지 않은 차 한 꾸러미가 들어 있는 찬장을 연다. 주전자 물을 끓이면서 차를 준비하고 오늘 신문을 식탁 위에 올려놓는다. 이제 아침 식사가 준비되었고 뜨거운 음료를 한 모금 마시며 신문에 실린 기사를 훑어본다. 그 남자가 오늘 제일 먼저 연 것은 무엇이었나?

30-SECOND
PUZZLE

네 인생의 시간
수학
★ ★ ★

"믿기지 않는군," 50세가 되자 왓슨은 이렇게 말했다. "하지만 그보다 훨씬 덜 산 것처럼 젊게 느껴지네." 셜록은 이 말을 잠시 곰곰이 생각하다가 대답했다. "자네 말도 맞지. 인생의 상당 시간을 잠자는 데 썼으니까!"

왓슨이 매일 밤 평균 여섯 시간의 수면을 취했다면, 인생의 몇 년을 잠자는 데 쓴 것일까?

셜록이 거닐다

수학

★ ★ ★

셜록, 왓슨, 레스트레이드 경감은 한 무리 도둑들이 저지른 범죄 행각을 특별하게 정찰하는 임무를 맡았는데, 세 사람이 각자 맡은 길을 걸어갔다가 각각 출발했던 지점으로 돌아오는 일이었다. 길 끝까지 갔다가 출발점으로 되돌아오는 데 각각 12분, 18분, 30분이 걸렸다. 만약 세 사람이 출발점으로 동시에 돌아올 때까지 멈추지 않고 각자의 길을 계속 걷는다면 얼마나 오래 걸어야 할까?

의견 일치
문제 해결

★ ★ ★

홈즈와 왓슨은 런던에서 진행 중인 모든 수사 상황을 논의하기 위해 베이커 가 221B번지 하숙집에서 월례 회의를 개최한다. 홈즈는 이 회의의 참석 멤버를 드러내지 않기 위해 참석자 이름을 단어 찾기 퍼즐 형태로 숨긴다. 이렇게 하면 악명 높은 범죄자가 설령 이 문서를 손에 넣었다 하더라도, 셜록이 임의로 넣은 다른 이름들과 섞여 진짜 참석자들을 알아볼 가능성이 낮아진다. 홈즈와 왓슨은 가장 최근의 회의에 누가 참석했는지를 마음속으로 그리고 있는데, 셜록의 믿음직한 사냥개도 함께 있어서 즉각적인 조치가 필요할 경우가 발생해도 대처할 수 있다. 그들은 어떤 사람이 회의에 참석하겠다고 약속했지만 결국엔 참석하지 않았다는 것을 알게 된다. 당신은 아래 목록 중 그리드에 없는 한 사람의 이름을 찾을 수 있는가? 회의에 참석하지 않은 유일한 사람이다. 셜록은 실제로 이름을 적은 게 아니지만, 우리는 오른쪽에 이름 목록을 적어두었다.

```
N A T S R O M Y R A M L L I H
I F Y S O T U R N E R U B F M
I N D E D E L A N O D C A M Y
H T I M S R S I R R O M Y S C
O E J L S M A I L L I W N S R
P G T O B Y V W W E O A E E O
K R N H H R Y H D O V N S N F
I I O K A N I M D E E A H O T
N F S C I T W N O S K C A J H
S F G O E S T A M F O R D D O
I I E L T E E R T S D A R B L
R T R R E N N N O S D U H I M
R H G E O D A V I S O T E L E
A S A H T H G I R W P N P L S
H E A S L E S T R A D E R Y S
```

베인즈 **BAYNES**
빌리 **BILLY**
브래드스트리트
BRADSTREET
그렉슨 **GREGSON**
홉킨스 **HOPKINS**
허드슨 **HUDSON**
존 왓슨 **JOHN WATSON**
존스 **JONES**
레스트레이드 **LESTRADE**
맥도널드 **MACDONALD**
메리 모스턴
MARY MORSTAN
마이크로프트 홈즈
MYCROFT HOLMES
셜록 홈즈
SHERLOCK HOLMES
스탬포드 **STAMFORD**
토비 **TOBY**

차 한 잔 마실 시간

수학

★ ★ ★

허드슨 부인은 홈즈, 왓슨, 그리고 자신을 위해 매일 많은 차를 우려 낸다. 6월 한 달 동안 이 세 사람은 각각 아침에 한 잔, 점심 후에 두 잔, 저녁에 또 한 잔을 마셨다. 이 습관은 그달 첫 2주 동안 정확히 매일 반복되었다. 그달의 나머지 기간 동안, 그들은 각각 첫 2주보다 하루에 절반씩 적은 양의 차를 마셨다. 허드슨 부인은 6월에 총 얼마나 많은 차를 만들었는가?

약간의 조립을 요함
인지

★ ★ ★

아래 모든 조각이 조립되면 보이는, 19세기 말에 지어진 영국의 랜드 마크는 무엇인가?

시간과의 싸움

문제 해결

★ ★ ★

홈즈와 왓슨은 오전 11시 권투 토너먼트를 관람하고 있다. 홈즈가 열렬한 스포츠팬이기 때문이다. 그러나 대회가 몇 시에 끝날지 확신할 수 없으며 오후 2시 30분에 베이커 가에서 만나기로 한 약속을 놓치게 될까봐 걱정하고 있다. 경기장의 단일 권투 링에서 여섯 명의 권투 선수가 두 명씩 짝을 지어 겨루고, 총 11분 동안 지속되는 경기에서 모든 권투 선수가 다른 선수들과 정확히 한 번씩 겨룬다는 점을 감안할 때 탐정 듀오는 제시간에 돌아올 수 있겠는가? 마지막 경기가 끝난 후 바로 집에 오면 30분이 걸릴 것이다. 각각의 개별 경기는 이전 경기가 끝나자마자 시작된다고 가정하자.

네 개의 서명
문제 해결

★ ★ ★

아서 코난 도일은 여러 단편 외에도 셜록 홈즈가 등장인물로 나오는 네 편의 소설을 썼다. 네 개의 서명도 그중 하나이다.

아래 그리드를 네 장의 카드로 이루어진 그룹으로 나눌 수 있는가? 각 그룹에는 다이아몬드 4, 하트 4, 클로버 4, 스페이드 4의 카드가 있어야 한다.

2-MINUTE
PUZZLE

진흙처럼 분명한
문제 해결
★ ★ ★

셜록 홈즈는 다양한 종류의 흙을 구별하는 데 전문가인데, 바지에 튄 진흙을 보고 런던 어느 지역에서 묻은 건지 맞힐 수 있는 정도였다. 따라서 비 오는 날 범행을 저지른 운수 나쁜 범죄자는 그가 통과한 도시 길들이 홈즈에게서 모두 추적될 수밖에 없었다.

당신은 이 진흙 색깔의 얼룩점을 보고 경로를 추론할 수 있는가? 왼쪽 상단의 어두운 정사각형에서 시작하여 오른쪽 하단 부근의 다른 어두운 정사각형에서 끝나는 경로이다. 진흙은 네 가지 톤이 있다. 가장 밝은 색부터 가장 어두운 색까지 네 가지 톤을 차례로 이동하는데, 가장 어두운 색까지 왔으면 바로 가장 밝은 색으로 이동하여 이 순서를 반복한다. 진흙 얼룩점을 다 한 번씩 들러야 하며, 대각선을 포함한 모든 방향으로 정사각형 한 칸씩 이동할 수 있다.

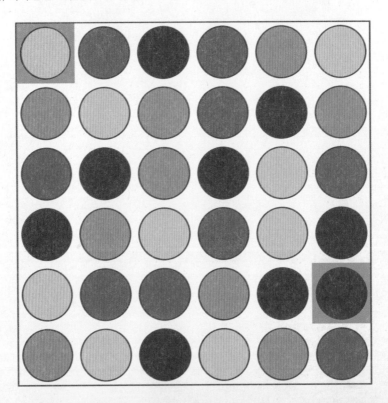

자전거를 타고

수평적 사고

★ ★ ★

홈즈와 왓슨은 사건을 수사하는 도중에 잠시 마음을 정리하기 위하여 공원 벤치에 앉아 휴식을 취하고 있다. 이때 동네 공원에서 자전거 동호회원들이 똑같은 자전거 세 대를 타고 트랙을 도는 장면을 본다. 홈즈는 자전거가 달리는 시간을 재면서 왓슨에게 흥미진진한 문제를 선물로 낸다.

"자 왓슨, 만약 저 젊은 여성이 5분 안에 세 바퀴를 돌고, 콧수염을 기른 신사가 5분 안에 다섯 바퀴를 돌고, 중산모를 쓴 남자가 5분 안에 일곱 바퀴를 돌 수 있다고 해보게. 이들 모두는 몇 분 후에 출발 지점에서 다시 만나게 될까?"

보석이 박힌

문제 해결

★ ★ ★

왓슨은 아내 메리 모스턴에게 선물할 펜던트를 구입하기 위해 보석상을 방문한다. 왓슨 박사의 시선이 수선 중인 펜던트 하나에 꽂혔다. 펜던트에 박힌 보석들은 대부분 헐거워진 상태였다. 보석상은 보석들이 원래 있었던 자리가 어디인지 확실히 알지는 못하지만, 세 가지 보석이 각 행과 열에 정확히 하나씩 들어 있다는 것은 알고 있다. 아래 그림을 보면 아홉 개의 보석 중 두 개가 자리 잡고 있다. 나머지 7개의 보석은 어디에 놓아야 하는가?

다이아몬드

루비

사파이어

인지

★ ★ ★

홈즈와 왓슨은 예리한 사고력을 유지하기 위해 재미있는 체스 게임을 하고 있다. 그런데 홈 즈는 조금 지루해진 듯 갑자기 네 개의 폰을 경계 안에 가두는 이상한 모양을 만든다.

"자네와 나에게는 이것이 훨씬 더 재미있을 거야, 왓슨! 보드의 정사각형들을 분리해 네 개의 동 일한 모양을 만들어보게나. 각각의 동일한 모양 안에는 폰이 하나씩 들어 있어야 하지. 그리고 물론, 나의 친구, 필요하다면 모양을 회전해도 된다네."

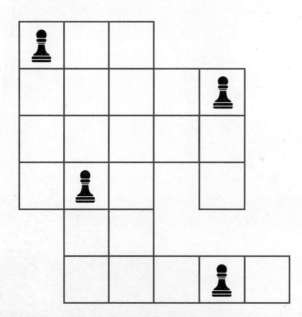

은행을 털다

수학

★ ★ ★

런던 지역 내 두 개의 은행 지점에서 두 건의 강도 사건이 발생했다. 한 지점은 테일러 씨가, 다른 지점은 윌리엄스 씨가 소유하고 있다. 홈즈는 각 현장에 가장 먼저 출동했던 순경에게 얼마나 도난당했는지 물었다. 순경이 대답했다.

"두 지점에서 도난당한 총액은 900파운드입니다. 윌리엄스 씨 지점은 테일러 씨 지점보다 3.5배나 많은 돈을 도난당했습니다."

각 은행에서 도난당한 금액은 얼마인가?

30-SECOND
PUZZLE

빛을 밝히라
수평적 사고

★ ★ ★

홈즈와 왓슨은 특별히 힘들었던 사건을 마무리한 후 집에서 긴장을 풀고 여가 시간을 즐기고 있다. 홈즈는 런던 주변에서 채취한 토양 샘플을 분석하고 있었고, 왓슨은 최근 사건에서 홈즈가 추론한 것에 대한 생각과 관찰을 기록하고 있다. 그러다 밤이 되어 빛이 희미해지자 각자의 활동을 계속하기가 어려워졌다.

"음 왓슨, 거기 그렇게 가만히 서 있지 말고! 이 성냥으로 방을 밝혀보게나!"

"무엇부터 밝히면 좋을까, 홈즈? 벽난로, 벽난로 위 촛불? 아니면 책상 위에 있는 기름 램프?"

"무엇을 먼저 밝혀야 할지 잘 모른다 하니, 왓슨, 내가 도울 수밖에 없겠군!"

왓슨은 어떤 것을 가장 먼저 밝혀야 하는가?

2-MINUTE
PUZZLE

한 번에 한 칸씩

문제 해결

★ ★ ★

홈즈와 왓슨은 보물이 묻힌 곳이 있는 지도를 되찾았다. 하지만 지도를 해석하는 방법에 대한 설명이 따로 없다. 대신 여러 시계들이 등장한다. 당신이 이 암호를 해독하여 보물을 찾으려면 어느 땅을 파헤쳐야 하는지 탐정 듀오에게 알려줄 수 있는가? 맞은편 그리드에 "S"로 표시된 정사각형에서 시작하면 된다. 시계는 왼쪽에서 오른쪽으로, 위에서 아래로 이동하며 읽는다.

10									
9									
8									
7									
6									
5									
4									
3									
2									
1 S									

A   B   C   D   E   F   G   H   I   J

1-MINUTE PUZZLE

링 베어러

인지

★ ★ ★

결 혼반지를 가장 작은 것부터 큰 것 순으로 배열하면 신부 이름이 나타난다.

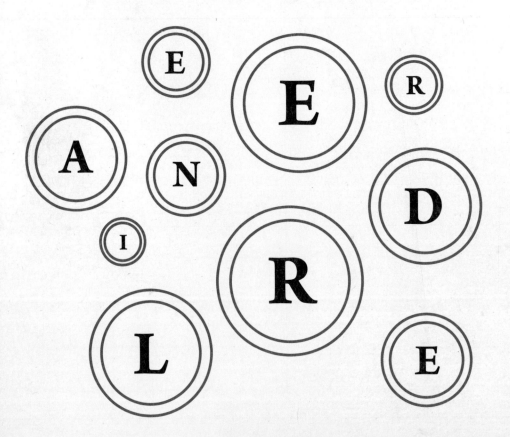

죽음을 알리는 편지

기억

★ ★ ★

주 홍색 연구에서 토비아스 그렉슨이 셜록 홈즈에게 보낸 편지다. 읽고 아래 질문에 답해보자.

친애하는 셜록 홈즈 선생에게,

지난밤 브릭스턴 로드로 가는 로리스턴 가든 3번지에서 큰 사건이 터졌습니다. 순찰 중인 경관이 새벽 2시경 그 집에 불이 켜진 것을 보았습니다. 그런데 그 집이 빈집이었기 때문에 뭔가 수상쩍은 낌새를 느꼈지요. 현관문이 열려 있었고, 가구도 없는 텅 빈 응접실에 한 신사가 쓰러져 있는 걸 발견했습니다. 신사는 잘 차려입은 상태였고 주머니에는 "에녹 J. 드레버, 미국 오하이오 주 클리블랜드"라고 쓰인 명함이 들어 있었습니다. 도난당한 물건은 없고 사인을 알아낼 수 있는 단서 역시 남아 있지 않았습니다. 방에는 혈흔이 있지만 시신에는 전혀 외상이 없는 상태입니다. 그가 어떻게 빈집에 들어왔는지도 전혀 파악이 안 되고 정말 모든 일이 의문투성이에요. 오늘 12시 이전 아무 때나 이 집으로 와주시면 제가 있을 겁니다. 그때까지 현장을 그대로 보존해놓지요. 혹시 못 오시더라도 자세한 내막을 설명해드리겠습니다. 홈즈 선생께서 호의를 베풀어 고견을 들려주신다면 큰 영광으로 생각하겠습니다.

성심을 담아,
토비아스 그렉슨

질문

1) 로리스턴 가든 주소에 언급된 집은 몇 번지인가?

2) 응접실에는 무엇이 "없는"가?

3) 에녹 드레버의 중간 이니셜은 무엇인가?

4) 셜록이 몇 시쯤 집에 와야 그렉슨을 만날 수 있는가?

5) 토비아스 그렉슨이 편지를 끝맺는 인사말은 무엇인가?

2-MINUTE PUZZLE

같은 짝의 패

기억

★ ★ ★

홈즈는 기억력을 향상시키기 위한 훈련을 자주 한다. 1분 동안 아래 왼쪽 카드 묶음을 잘 살펴본 후 가린다. 그다음 오른쪽 묶음을 본다. 위치가 바뀐 카드 쌍은 어느 것인가?

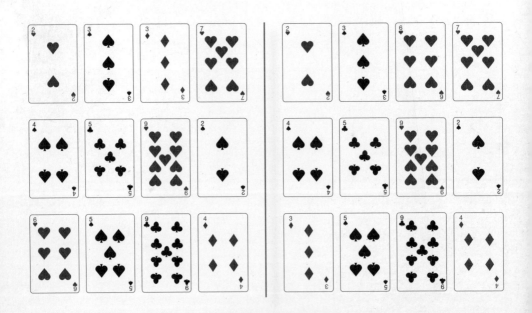

2-MINUTE
PUZZLE

모두 더하다

문제 해결

★ ★ ★

아래 그리드에는 빅토리아 시대의 물건과 발명품인 페니 블랙 우표, 현미경, 자전거 및 카메라가 들어 있다. 각 발명품에 부여된 1~10의 양의 정수를 맞혀보자. 각 행과 열의 합계가 그 끝에 표시되어 있다.

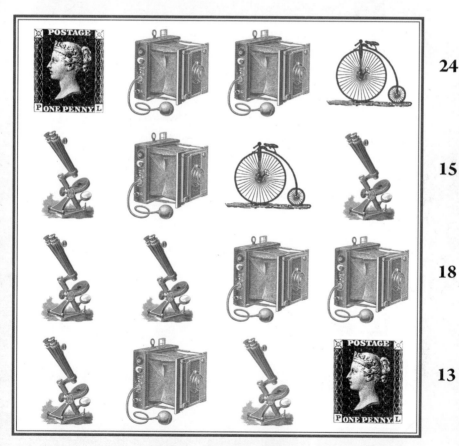

2-MINUTE
PUZZLE

한 단계 한 단계

문제 해결

★ ★ ★

"**범**죄를 수사할 때는, 왓슨, 고발하거나 평가를 내리기 전에 다각도로 고려하는 게 중요하다네. 실수는 사건에 치명적일 수 있어!"

일간지에 나온 까다로운 문제를 풀고 있던 왓슨에게 딱 들어맞는 조언이었다. 당신은 왓슨이 다 풀도록 도와줄 수 있는가?

왼쪽 상단 정사각형에서 오른쪽 하단 정사각형으로 최대한 빨리 이동한다. 현재 위치와 동일한 행 또는 열에서 같은 모양 또는 같은 색상의 사각형으로만 이동할 수 있다. 최소한의 단계로 이동한다.

10-MINUTE PUZZLE

스펠링 비
문제 해결
★ ★ ★

"**하**지만 자네는 이미 은퇴했네. 홈즈, 우린 자네가 사우스 다운스에 있는 작은 농장에서 양봉을 하면서 책더미에 파묻힌 채 유유자적한 삶을 살고 있다고 들었다네."

"정확하네, 왓슨. 이게 바로 여유로운 삶의 결실, 내 인생 말년의 대작이지!" 그는 탁자에서 책을 집어 들고는 실용 양봉 안내서: 여왕벌의 분봉에 관한 관찰 제목 전체를 소리 내어 읽었다. "전부 나 혼자 쓴 것일세. 낮에 일하고 밤엔 깊은 생각에 잠긴 나날을 보낸 후 얻은 성과이지. 한때 런던의 범죄 세계를 살폈던 것처럼 부지런히 일하는 작은 벌들을 지켜보았다네."

홈즈는 이제 은퇴했지만 퍼즐에 대한 열망은 줄지 않았다. 당신은 벌집을 연상시키는 육각형 그리드 문제를 풀 수 있는가? 그리드 아래에 있는 알파벳을 빈 육각형에 하나씩 채우는데, 한 육각형에서 인접한 육각형으로 이동하면서 오른쪽에 있는 글자 그룹을 만드는 것이다. 다 채운 후 진한 칸에 있는 글자들이 의미하는 것은 무엇일까?

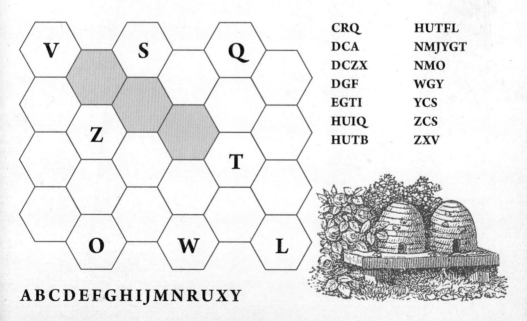

CRQ	HUTFL
DCA	NMJYGT
DCZX	NMO
DGF	WGY
EGTI	YCS
HUIQ	ZCS
HUTB	ZXV

ABCDEFGHIJMNRUXY

FIENDISHLY
고난도

철통 보안

문제 해결

★ ★ ★

설록 홈즈는 약간의 두려움을 안고 최고등급 보안 시설에 왔다. 경찰이 극악무도한 범죄를 저지른 흉악범을 심문하는 것에 도움을 주기 위해서다. 범죄자는 매우 위험한 사람으로 취급되었고 많은 공범들이 있었다. 따라서 그의 감방은 약 20명의 교도관이 감시하고 있었다.

맞은편 그리드는 독방 100개 배치도이며, 모든 다른 죄수들의 접근이 금지된 곳이다. 그리드의 각 행과 각 열마다 각각 두 곳에 교도관이 서 있다. 또한 굵은 선으로 표시된 각 영역에도 교도관이 두 명씩 있다. 효율적 감시를 위해 교도관들은 수평, 수직 또는 대각선으로 서로 인접해 있지 않다.

당신은 20명의 교도관을 배치하고, 흉악범이 있는 독방을 추가로 표시할 수 있는가? 그 흉악범 방 바로 위와 아래에 교도관이 서 있다. 또한 그 방에서 왼쪽으로 두 번째 칸과 오른쪽으로 두 번째 칸에 각각 교도관이 있다.

FIENDISHLY
고난도

범죄 발생 분석

문제 해결

★ ★ ★

런던 경찰국은 런던 전역에서 발생한 범죄 자료를 수집하느라 분주했다. 범죄 패턴을 파악하면 도시의 범죄 요소를 근절하는 데 도움이 되기 때문이다.

그늘은 런던의 한 구역을 1평방 마일의 블록으로 나누었는데, 맞은편 상단의 9×9 그리드이다. 그런 다음 일주일 동안 이 블록에서 발생한 범죄 횟수를 기록했다. 그들은 매우 독특한 패턴을 발견했다. 모든 지역에서 1~9건 사이의 범죄가 발생한 것이다. 특이한 것은 각 행과 열에서 1~9 사이의 숫자가 정확히 한 번씩만 표기되었다는 것이다.

당신은 이 퍼즐을 풀어서 런던 전역에서 수집한 범죄 패턴을 재현할 수 있는가? 그리드가 굵은 선으로 또 나뉜 것이 보일 것이다. 각 영역의 왼쪽 상단 사각형에는 덧셈, 뺄셈, 나눗셈 또는 곱셈 부호와 이 계산식에 따른 합계가 적혀 있다. 경찰이 발견한 패턴과 일치하고 이 합계와 정확하게 일치하도록 각 칸에 숫자를 입력해야 한다. 각 행과 열에 숫자 1~9가 한 번씩 들어가야 한다는 규칙을 어기지 않는다는 조건 하에 굵은 선 영역 내에서는 숫자를 반복할 수 있다.

뺄셈을 할 때는 항상 굵은 선 영역 내의 가장 큰 숫자에서 작은 숫자를 빼고, 나눗셈을 할 때는 가장 큰 숫자를 작은 숫자로 나눈다.

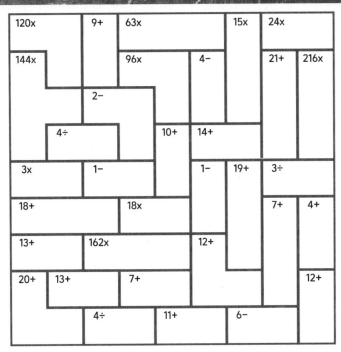

퍼즐을 다 풀었으면 오른쪽 그리 드의 행마다 가장 많은 범죄가 발 생한 집중관리지역에 해당하는 정사각형을 형광펜으로 칠한다. 이렇게 체계적으로 범죄를 기록 해보자는 아이디어를 낸 런던 경 찰국 경감의 이름이 적혀 있을 것 이다.

Q	S	S	S	B	M	J	C	S
N	H	F	D	D	K	B	A	S
C	J	W	F	D	R	D	O	J
T	M	K	A	H	E	N	E	D
R	J	O	R	A	S	E	R	N
L	E	D	N	E	B	D	M	T
J	L	R	R	A	W	N	R	S
R	B	L	E	T	F	L	A	T
R	D	K	D	R	W	C	E	T

1-MINUTE
PUZZLE

펜의 실수

인지

★ ★ ★

왓슨은 셜록과 함께 수사를 마치고 돌아왔다. 자세한 내용이 기억에서 사라지기 전에 그들이 들인 노력을 문서화할 계획이다. 이렇게 사건을 기록할 때마다 항상 같은 만년필을 사용하는데, 오늘따라 책상 서랍 안의 다른 펜들과 섞여 있어서 찾을 수가 없다. 홈즈는 펜 더미 밑바닥에서 본 기억이 난다고 알려준다. 당신이 그 만년필을 찾아낼 수 있는가? 홈즈가 말했듯이 가장 아래에 있는 펜이다.

연쇄 반응

문제 해결

★ ★ ★

" **연** 쇄적으로 일어난 기이한 정황들을 돌이켜볼 때… 설령 사건에 대한 홈즈의 설명이 틀렸다고 하더라도 사건의 진실은 똑같이 깜짝 놀랄 만한 일이었을 것이라고 생각한다."

때로는 단 하나의 정보만으로 범죄 증거와 가해자를 연결시킬 수 있다. 당신의 추리력을 이용하여 이 체인링크 퍼즐을 완성해보자. 1~6의 숫자를 각 행, 열 및 체인으로 연결된 여섯 개의 연속된 사각형에 한 번씩 배치해야 한다.

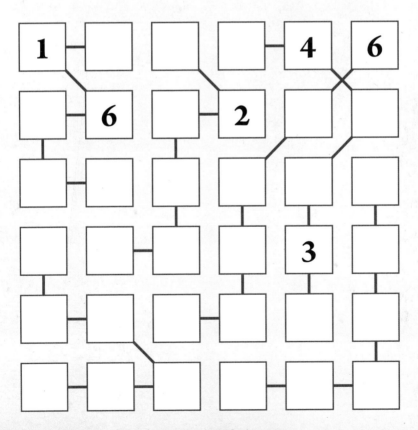

2-MINUTE PUZZLE

사선에서
문제 해결

★ ★ ★

런던 경찰국과 한 무리의 범죄자들 사이에서 벌어진 총격전에 홈즈가 휘말렸다. 그래도 런던에서 가장 유능한 이 탐정이 집중 사격으로부터 대피할 수 있는 안전한 공간이 하나 있다. 아래 그리드에서 정사각형 안에 총이 있으면 그 안에는 무장한 범죄조직원이나 무장한 경찰관이 있다는 의미다. 총이 있는 정사각형은 직선상에 있는 다른 정사각형을 위협한다. 동일한 열, 행 또는 대각선 모두 해당한다. 셜록 홈즈가 곧장 대피하여 총격을 받지 않을 빈 사각형은 어디일까?

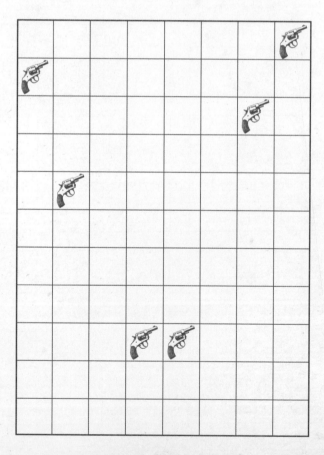

자세히 읽어봐

수평적 사고

★ ★ ★

홈즈가 조간신문을 정독하다가 왓슨에게 손짓을 보낸다.

"이거 봐, 왓슨, 오늘 아침 신문에 오류가 있어!"

"엄청난 실수군! 난 이런 실수를 저지르는 인간이 되지 말아야지!" 왓슨이 대답했다.

문제의 페이지에는 아래 텍스트와 이미지가 있었다. 오류는 무엇인가?

쥐

황소

호랑이

토끼

고양이

뱀

이륜마차 택시

수학

★ ★ ★

이 륜마차 택시는 빅토리아 시대 런던을 가로지르는 대중 교통수단이었다. 도시가 커짐에 따라 도시의 한 지역에서 다른 지역으로 이동할 빠른 교통수단에 대한 수요도 같이 증가했다. 이륜마차 택시가 연초에 총 1,200대, 연말에 7,500대 있었다면 택시 증가율은 얼마인가?

단어 이상의 의미

문제 해결

★ ★ ★

한 주의 일 : 한 해의 월
주사위 위의 점 : 카드 한 벌
베이커스 더즌 : 고대 세계의 불가사의

레 스트레이드 경감은 범죄 현장에서 운 좋게 탈출한 세 명의 범죄자를 쫓고 있다. 그런데 패딩턴 역 밖에 모여든 사람들의 북새통 속에서 안타깝게 놓치고 말았다. 그 와중에 범죄단 두목이 그들의 암호화된 일정을 바닥에 떨어뜨리는 것을 목격했다. 당신이 그 메시지를 해독해서 경감이 이 골치 아픈 갱단을 체포하도록 도울 수 있겠는가?

1-MINUTE
PUZZLE

성당으로 이끌려

문제 해결

★ ★ ★

보헤미아의 스캔들에서 홈즈는 변장을 하고 아이린 애들러를 추적한다. 빌헬름 고츠라이히 지기스몬드 폰 오름슈타인이 저주스러운 사진 한 장을 되찾도록 돕기 위해서다. 그는 결국 그녀가 갓프리 노턴과 결혼식을 올리는 성당까지 그녀의 뒤를 밟는다. 당신도 애들러양을 추적해보겠는가? 진한 색의 "A"부터 진한 색의 "R"까지 애들러의 철자 A,D,L,E,R,A,D,L,E,R을 순서대로 따라가면 된다. 한 번에 한 칸씩 수평, 수직 또는 대각선으로 이동하고 모든 정사각형을 한 번씩 방문한다.

A	E	D	L	E
R	D	L	A	R
D	A	R	A	D
R	L	E	L	E
E	L	D	A	R

배는 이미 떠났다

문제 해결

★ ★ ★

셜록은 가쁜 숨을 몰아쉬며 부두에 도착했다. 그는 방금 특별히 골치 아픈 사건을 해결했는데, 핵심 용의자가 곧 항구를 떠날 것이라고 생각했다. 이에 용의자가 어떤 배에 타고 있었는지 추궁했으나 **"죄송합니다, 배는 이미 출항했습니다."**라는 대답이 돌아와 매우 낙담했다.

아래 그리드에서 셜록이 가로막고 싶었던 배는 가로 또는 세로 방향으로 네 개의 연속적인 정사각형을 차지한다. 당신은 그리드에서 배의 위치를 정확히 집어낼 수 있는가? 아래 정사각형 몇 개에 숫자가 적혀 있는데 이는 해당 정사각형에서 가장 가까운 배 조각까지 이동해야 하는 최소한의 칸수를 나타낸다. 한 번에 한 칸씩 가로 또는 세로로 이동할 수 있고 대각선으로는 가지 못한다.

							6
						3	
							8

무게를 재봐

문제 해결

★★★

홈 즈와 왓슨은 대저택의 영주 내외로부터 그들의 집에서 일어난 범죄를 해결해달라는 요청을 받고 찾아갔다. 홈즈는 저택의 이곳저곳을 조사하던 중 샹들리에를 설치하고 있는 수리 공과 마주친다. 그는 작업 내용을 상세히 기록해달라는 영주와 부인의 부탁을 받았는데, 샹들리에에 달린 작은 장식물의 무게를 그램 단위로 재는 것에 무척 힘들어하고 있었다. 아래 그림을 보고 다섯 개의 빈 원에 알맞은 숫자를 입력해보자. 별 장식품에는 이미 숫자가 적혀 있다. 맨 꼭대기의 숫자는 장식품 여섯 개의 총 무게를 나타내며, 왼쪽과 오른쪽이 정확한 균형을 이룬다. 샹들리에의 다른 부속품 무게는 고려하지 않는다.

1-MINUTE PUZZLE

시리즈 책

수학

★ ★ ★

홈 즈가 그가 가진 많은 책 중 일부를 책장에 다시 꽂고 왓슨이 함께 돕고 있다. 최근 사건에서 무자비한 양의 연구를 해야 했기 때문에 베이커 가 하숙집이 다소 지저분해졌다. 홈즈에겐 책장의 층마다 책을 꽂는 특별한 방법이 있으며, 이 비법은 각 책등에 보이는 에디션 번호에 적용된다. 아래는 왓슨이 채우고 있는 책장 칸이다. 앞 네 권은 셜록이 이미 알맞은 순서로 배치했다. 올바른 배열로 정리하기 위해 왓슨이 꽂아야 하는 두 권의 번호는 무엇인가?

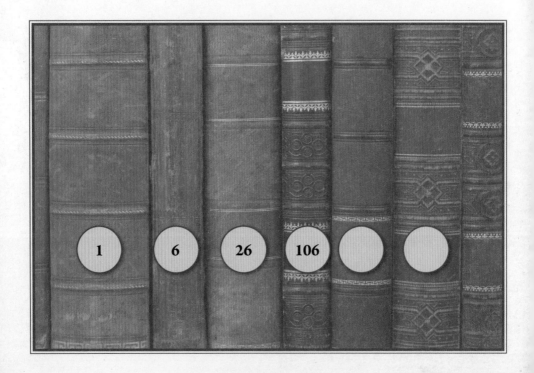

책이 알리바이

수평적 사고

★ ★ ★

홈즈는 어느 가정집에서 발생한 강도 사건을 맡았다. 가족 구성원 모두가 타당한 알리바이를 가지고 있었기 때문에 그들이 용의선상에서 배제될 수 있는지를 확인하고 있다. 가정부는 홈즈에게 확신을 가지고 다음과 같이 말했다.

"강도사건 당일 두 엄마와 두 딸이 신선한 공기를 쐬러 밖에 나갔고, 저녁에 집에서 읽을 소설을 각각 한 권씩 구입했습니다."

홈즈는 이 진술이 뭔가 석연치 않다. 왜냐하면 그날 세 권의 책만 구입한 영수증을 집 안에서 발견했고, 그날 구입한 유일한 품목임을 다른 가족들에게 확인받았기 때문이다. 그러나 그는 심사숙고 끝에 세 권의 책만 구입한 게 맞아도 가정부의 진술이 전적으로 사실이라는 결론을 내린다. 어떻게 이것이 가능할까?

인지

★ ★ ★

왓슨과 허드슨 부인은 홈즈의 생일 선물로 새 사냥 모자를 주려고 준비하고 있다. 하지만 그들은 홈즈가 옷차림에 까다롭다는 것을 알고 있어서 런던에 있는 매우 특별한 모자 제작자에게 주문할 계획이다. 그런데 하필 둘 다 가게의 정확한 이름을 기억하지 못하고 있고 셜록에게 물어보면 눈치챌 게 뻔하다. 그러니 방법은 셜록의 옷장 뒤쪽에 가득 있는 셜록의 낡은 모자 중 하나에서 천 샘플을 가져오는 것뿐이다. 여러 다른 모자 제작자가 제시한 천 샘플과 비교해보면 모자 제작을 맡길 정확한 매장을 찾을 수 있다고 확신한다. 샘플 패턴을 회전하면 안 된다. 어느 모자 제작자가 셜록의 천 샘플에서 가져온 패턴을 제시하는가?

다음은 셜록의 낡은 모자에서
나온 샘플이다.

런던의 모자 제작자

로열 아케이드 모자 가게

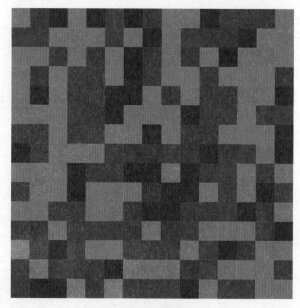

신사의 정장

슬라이드 기둥

인지

★ ★ ★

머 릿속으로 각 글자 기둥을 위아래로 밀어보자. 가운데 스트립에 나올 수 있는 등장인물 세 명의 성씨는 무엇인가?

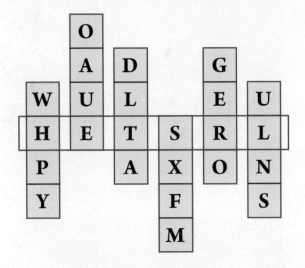

책장을 넘겨

문제 해결

★ ★ ★

셜 록은 범죄 해결 기법에 대한 기사를 쓰면서 한 참고문헌에서 인용문을 찾으려고 한다. 인 용문을 찾으면서 책을 펼쳤는데 12페이지와 13페이지가 나온다. 그는 한 번에 한 쪽씩 여 덟 번 앞으로 넘긴다. 염두에 둔 특정 지문을 아무래도 지나친 것 같아 페이지를 뒤로 세 번 넘긴 다. 이 또한 허사였다. 마지막으로 다시 그 자리에서 앞으로 26페이지를 넘겼더니 왼쪽에서 참조 할 만한 것을 찾는다. 인용문은 몇 페이지에 있는가?

3목 두기 게임

문제 해결

★ ★ ★

"훌륭하군!" 내가 외쳤다.

"기본이지." 그가 말했다.

셜록 홈즈는 방금 까다로운 논리 퍼즐을 풀어 준 왓슨을 감동시켰다. 복잡해 보이지만 몇 가지 간단한 규칙을 따르기만 하면 풀리는 문제이다. 런던 최고의 탐정과 맞붙어 가뿐하게 문제를 풀어 볼 수 있겠는가?

각 행과 열에 O와 X가 각각 다섯 개씩 들어간다. 어떤 행이나 열에서도 동일한 기호가 세 개 이상 연달아 올 수 없다. 다 풀고 나면 행마다 O와 X의 배열이 서로 달라야 하며 열도 마찬가지다.

		X			O		O		
			O	O		X			
X						X	X		X
			O						X
O			O			O			
	X						X		
	O		O			X	X		
O			O						

30-SECOND PUZZLE

천이라고
수평적 사고
★ ★ ★

왓슨은 군 시절을 함께 지낸 옛 친구와 만나고 있었는데 친구의 오래된 냅킨에 적힌 희한한 계산식이 눈에 띄었다.

"이 친구 좀 보게나." 왓슨이 말한다. "이거 답을 잘못 계산한 것 같군. 어떻게 그런 답이 나왔는지 가늠이 안 되는걸."

"아 그렇지," 친구가 대답한다. "어느 날 저녁 식사 자리에서 지인이 특별한 문제를 낸 걸세. 숫자 하나의 위치를 바꾸면 답이 완벽하게 맞아떨어진다고 했어!"

당신이 숫자 하나의 위치를 바꾸어 옳은 계산식으로 만들 수 있는가?

$$10 \times 102 = 1,000$$

2-MINUTE PUZZLE

분명한 날짜
문제 해결
★ ★ ★

홈즈와 왓슨은 저명한 사업가를 살해한 혐의로 기소된 청부업자의 활동을 조사하고 있다. 정확히 86일 전에 목격자들은 그 청부업자를 저명한 사업가의 직원 중 한 명으로 생각한 것 같다. 목격자들은 양쪽 모두 미심쩍은 행동을 했기 때문에 이 특정 날짜를 기억한다. 오늘이 1898년 5월 16일이라면 목격한 날은 며칠인가?

문제 해결

★ ★ ★

그 리드를 연속 네 개의 정사각형을 포함하는 그룹으로 나눌 수 있는가? 각 그룹에는 네 가지 다른 유형의 열쇠 구멍이 하나씩 있어야 한다.

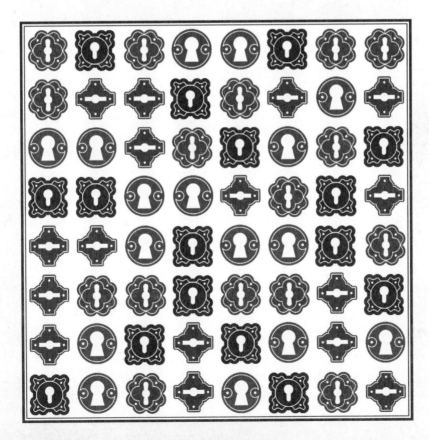

5-MINUTE
PUZZLE

ABC만큼 쉬운

문제 해결

★ ★ ★

"**범**죄는 흔하지만 논리적으로 접근하는 것은 드물거든. 그러니 자네는 범죄보다는 논리 자체에 천착해야 한다네."

홈즈는 왓슨의 논리력이 향상되기를 바라는 마음으로 흥미로운 문제를 냈다. 왓슨이 5분 걸려 푼이 문제를 당신은 더 빠르게 풀 수 있는가?

알파벳 A, B, C를 각 행과 열에 한 번씩 배치한다. 그러면 각 행과 열에 두 개의 빈 정사각형이 생길 것이다. 가장자리에 있는 알파벳은 해당 행과 열의 첫 번째 또는 마지막 글자이다.

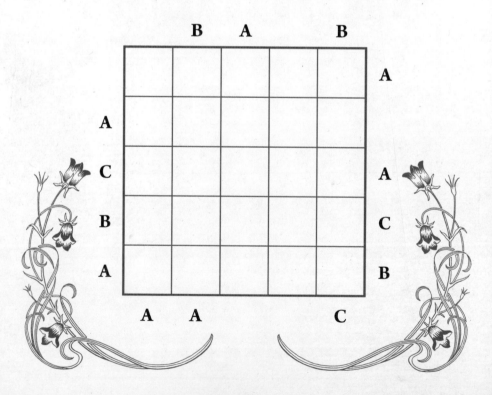

게임 속 이름

문제 해결

★ ★ ★

아래의 유명한 이름들을 단어 찾기 그리드에서 모두 찾을 수 있는가? 이름은 가로, 세로 또는 대각선으로 놓여 있고 정방향 또는 역방향으로 읽을 수 있다.

N	N	A	E	N	O	T	S	D	A	L	G	W	A	B
C	O	N	A	N	D	O	Y	L	E	F	C	I	P	A
C	S	S	N	E	K	C	I	D	D	B	R	L	A	R
A	Y	K	R	C	F	C	Y	D	D	O	C	B	S	R
N	N	I	C	E	C	B	A	D	T	D	Y	E	T	E
I	N	P	C	A	D	R	A	C	R	A	C	R	E	T
G	E	L	C	U	W	N	I	C	R	A	D	F	U	T
H	T	I	C	I	R	V	A	E	C	D	H	O	R	B
T	B	N	N	L	N	I	K	T	P	C	E	R	L	R
I	F	G	F	E	L	C	E	E	T	C	E	C	L	O
N	A	F	E	B	A	E	E	E	E	E	A	E	O	W
G	F	U	F	H	F	L	B	E	D	C	R	A	R	N
A	Q	D	T	D	I	S	R	A	E	L	I	R	R	I
L	C	C	T	S	R	U	H	K	N	A	P	E	A	N
E	A	R	E	T	S	I	L	E	N	U	R	B	C	G

배럿 브라우닝
BARRETT BROWNING
벨 **BELL**
브루넬 **BRUNEL**
캐롤 **CARROLL**
코난 도일 **CONAN DOYLE**
퀴리 **CURIE**
다윈 **DARWIN**
디킨스 **DICKENS**

디즈레일리 **DISRAELI**
개럿 앤더슨
GARRETT ANDERSON
글래드스톤 **GLADSTONE**
하디 **HARDY**
키플링 **KIPLING**
리스터 **LISTER**
나이팅게일 **NIGHTINGALE**
팽크허스트 **PANKHURST**

파스퇴르 **PASTEUR**
필 **PEEL**
빅토리아 여왕
QUEEN VICTORIA
테니슨 **TENNYSON**
새커리 **THACKERAY**
윌버포스 **WILBERFORCE**

2-MINUTE PUShort

2-MINUTE PUZZLE

★ THE CONUNDRUMS ★

현장 뒤에서

인지

★ ★ ★

왓슨과 홈즈는 범죄 현장으로 돌아와 건물 내부의 일부 증거가 조작된 사실을 알아차렸다. 현장의 전후 이미지를 비교하여 없어지거나 이동된 여섯 가지 물건을 찾아낼 수 있는가?

규율과 소란

논리

레스트레이드 경감은 유난히도 바쁜 화요일이 끝날 무렵 부서원들의 활동을 검토하고 있다. 그 직원들은 홈즈와 왓슨이 진행해온 사건을 해결하는 데 매우 도움이 되고 있다. 하지만 그들은 너무 바빠서 정작 필요한 서류들을 작성하지 못했다. 그 바람에 레스트레이드 경감은 상사에게 보고하기 위해 그날 기억나는 정보를 스스로 종합하여 엮어내야만 한다. 아래 정보를 사용하여 맞은편 표를 채워보자. 표에는 담당 경관의 이름과 담당 업무와 외모, 휴식 시간이 있다. 상호 참조표를 활용하면 도움이 될 것이다.

"나는 워드 경관이 오후 1시에 점심을 먹은 것으로 기억한다. 이 시간이 홈즈가 도움을 요청한 시간과 같기 때문이다. 나는 라이트 경관에게 용의자들을 인터뷰하라고 지시했다. 그가 이 남자와 같은 흉악범을 상대해본 경험이 있기 때문이다. 휴즈는 처리할 일이 너무 많아서 오후 1시 30분 타임의 점심시간에 쉬지 않았다. 그의 눈동자는 매우 짙은 갈색이다. 내가 범죄 현장을 순찰해달라고 요청했던 사람은 키가 매우 컸다. 그가 군중을 내려다볼 수 있어 수상한 점을 쉽게 발견하리라 생각했기 때문이다. 내가 그 지역을 탐문해 단서를 찾으라고 요청한 경관은 두 번째 점심시간에 휴식을 취했다. 베넷은 마지막 점심시간에 쉰 경관이었고 큰 흉터를 가진 사람이 첫 번째 점심시간에 쉬었다. 베넷 경관은 키가 크지 않고 턱수염이 없다. 휴즈는 오늘 사무 업무를 맡지 않았다."

규율과 소란	사무	마름	경비	인타부	순찰	오후 12시	오후 1시	오후 1시 30분	오후 1시 45분	오후 2시	턱수염	갈색 눈	콧수염	흉터	키가 매우 큼
베넷															
휴즈															
스미스															
워드															
라이트															
턱수염															
갈색 눈															
콧수염															
흉터															
키가 매우 큼															
오후 12시															
오후 1시															
오후 1시 30분															
오후 1시 45분															
오후 2시															

성씨	직업	외모	휴식 시간
베넷			
휴즈			
스미스			
워드			
라이트			

30-SECOND
PUZZLE

바퀴의 재발견

문제 해결

★ ★ ★

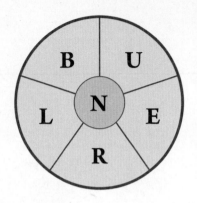

오른쪽 바퀴에 있는 글자를 재배열해보자. 목표는 19세기 공학의 거장으로 평가되는 유명한 영국 엔지니어의 성을 맞히는 것이다.

1-MINUTE
PUZZLE

진실의 순간

수평적 사고

★ ★ ★

홈즈와 왓슨은 런던 전역에서 범죄를 저지르고 다니는 한 사람을 잡으려 한다. 이 특별한 범인은 독특한 외모만큼이나 범상치 않은 구석이 있다. 내용인즉슨 이 자는 진실을 말할 수 없고 일란성 쌍둥이 형은 거짓말을 할 수 없다는 것. 홈즈와 왓슨은 이 악당을 체포하려고 집까지 찾아갔는데, 두 쌍둥이 형제가 같은 방에 함께 있는 것을 보고는 당황한다. 홈즈와 왓슨은 진짜 범인을 체포하기 위해 쌍둥이에게 질문을 던진다. "만약 내가 당신의 쌍둥이에게 당신이 항상 진실을 말하느냐고 묻는다면, 그는 뭐라고 대답하겠소?" 한 명은 "그렇소"라고 대답했고, 다른 한 명은 "아니오"라고 대답했다. 누구를 체포해야 할까?

숫자 계산하기
수학

★ ★ ★

허 드슨 부인은 비스킷을 한 입 베어 물고 차를 마시면서 일간지를 훑어보고 있다. 옆에 있는 왓슨 박사를 보니 퍼즐을 풀고 있는데 그 페이지에 있는 퍼즐 중 하나를 포기하려는 낌새가 느껴졌다. 부인은 그가 포기한 지점에서 자신이 풀어낼 수 있을지 도전해보기로 하고 박사가 풀던 흔적을 지운 후 처음부터 풀기 시작한다. 당신도 아래 숫자 퍼즐에 도전해보겠는가? 흰색 사각형에 숫자를 적어서 각 가로 또는 세로 줄의 합계와 앞머리에 적힌 총합을 일치시키는 것이다. 숫자는 같은 줄 내에서 반복될 수 없으며 1~9의 숫자만 사용해야 한다.

2-MINUTE PUZZLE

부지 구성

인지

★ ★ ★

홈즈와 왓슨은 어느 가족의 사유지에 와달라는 부름을 받았다. 최근 돌아가신 분이 가족원 중 한 명에게 유언으로 남겼다는 물건을 찾아주기 위함이었다. 가족들은 그 물건이 마당 어딘가에 있다고 확신한다. 그러나 사유지의 유일한 도면은 너무나 오래되어 부지에 새로 지은 건물이나 보수 현황은 표시가 없다. 효율적인 수색을 위해 홈즈는 마당에 있는 각 건물의 위치를 확인하여 오래된 문서에 정확하게 표시해야 한다. 다행히 그 가족이 오래된 건물들의 위치를 도면에 표시한 후 인부들에게 도면의 대칭선을 기준으로 건물을 지으라고 요청했었다. 당신은 건물(진한 사각형으로 표시됨) 위치를 도면에 표시할 수 있는가?

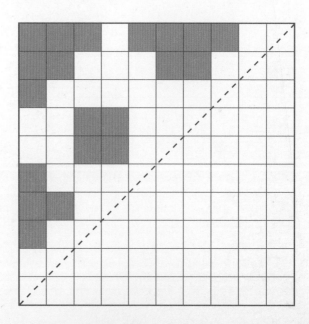

금고 번호
수학

★ ★ ★

홈즈와 왓슨은 런던 주변 지역에서 12건의 절도 행각을 벌인 범죄자를 체포했다. 그는 훔친 물건들을 지역 은행에 있는 안전 금고에 보관해온 것으로 보인다. 홈즈와 왓슨은 번호가 적힌 금고에는 도난당한 물건들이 들어 있는 것을 확인했다. 그 악당은 훔친 물건들이 들어 있는 다른 금고의 번호를 말하지 않으려고 하지만, 홈즈는 이미 번호를 예측하고 나머지 여섯 건의 사건에서 도난당한 귀중품들이 어느 금고에 들어 있는지 알 수 있다고 확언한다. 나머지 금고들의 숫자는 무엇인가?

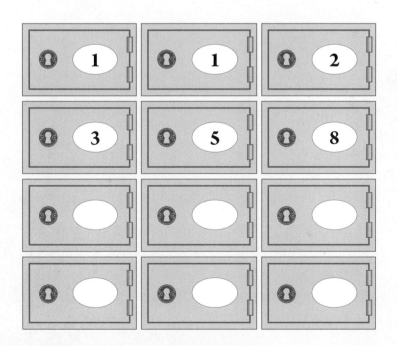

10-MINUTE
PUZZLE

전체 그림
문제 해결

★ ★ ★

붉은 원에서 홈즈와 왓슨은 워렌 부인과 턱수염이 덥수룩한 숙박 손님에 관한 사건을 맡았다. 손님은 방값의 두 배를 지불하는 대신 방에 대한 자신의 조건을 내걸었다. 홈즈와 왓슨은 이 인물을 슬쩍 관찰할 수 있기를 바라며 건물을 돌아다닌다.

"곧 집주인이 쟁반을 들고 나타났고 닫힌 방문 옆의 의자 위에 쟁반을 내려놓고는 쿵쿵거리는 발소리를 내며 떠나갔다. 우리는 문 한쪽 구석에 웅크리고 앉아 거울을 뚫어져라 쳐다보고 있었다. 집주인의 발소리가 멀어지자 곧 열쇠 돌리는 소리가 났다. 그러더니 방문 손잡이가 돌아가고 야윈 두 손이 나와……."

홈즈와 왓슨은 그들이 본 것에 충격을 받았다. 당신은 탐정 듀오가 깜짝 놀란 이유가 담긴 이 퍼즐을 풀 수 있는가? 가장자리 숫자는 각 행과 열에서 몇 개의 정사각형을 연속으로 칠해야 하는지 나타낸다. 쉼표는 색칠한 정사각형 사이에 한 개 이상의 빈칸이 있다는 의미다. 예를 들어 4, 3은 해당 줄 어딘가에 연속으로 색칠한 정사각형 네 개, 그다음 빈칸 한 개 또는 그 이상, 그다음 연속으로 색칠한 정사각형 세 개가 있다는 것을 의미한다.

Column clues (left to right, read top to bottom):

1. 3
2. 1, 11
3. 3
4. 3
5. 3, 1
6. 1, 3, 2
7. 1, 1, 3, 6
8. 1, 4, 3, 6, 1
9. 1, 1, 3, 3, 1
10. 1, 8, 6
11. 1, 1, 1, 3, 3, 11
12. 1, 2, 1, 1, 1, 1, 1
13. 1, 1, 1, 3, 11
14. 1, 5, 17
15. 1, 3, 4
16. 2, 3, 4, 9
17. 2, 5, 6
18. 3, 5, 4
19. 3, 1, 1, 2
20. 2, 3, 1

Row clues (top to bottom):

Row	Clue
1	12
2	1, 1, 3
3	8, 3
4	1, 3, 2
5	1, 1, 4
6	1, 4
7	2, 3
8	1, 1
9	7
10	4, 3
11	6, 5
12	3, 8
13	6, 2, 2, 3
14	1, 3, 1, 1, 1, 2
15	4, 2, 2, 4
16	1, 7, 1, 1
17	1, 1, 1, 4, 3
18	1, 2, 1, 4
19	1, 1, 1, 4
20	1, 2, 2, 2, 2
21	1, 2, 2, 2, 2
22	1, 2, 2, 2, 3
23	1, 2, 2, 2, 3
24	1, 2, 2, 2, 4
25	1, 10, 5

2-MINUTE PUZZLE

뇌세포

문제 해결

★ ★ ★

레 스트레이드는 어느 날 밤 런던 거리에서 여러 명을 체포했다. 이제는 교도소 정책에 따라 수감자와 감방의 수를 정확하게 맞추어야 한다. 수감자에 대한 교도소 규칙은 다음과 같다.

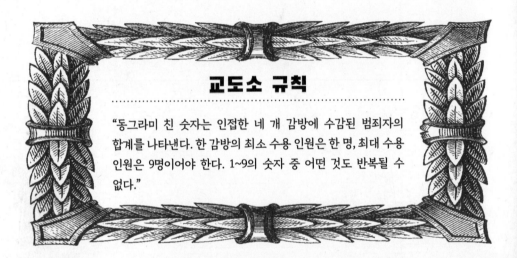

교도소 규칙

"동그라미 친 숫자는 인접한 네 개 감방에 수감된 범죄자의 합계를 나타낸다. 한 감방의 최소 수용 인원은 한 명, 최대 수용 인원은 9명이어야 한다. 1~9의 숫자 중 어떤 것도 반복될 수 없다."

이 규칙에 따르면 아홉 개의 정사각형 감방에는 각각 1~9명의 범죄자들이 들어가며, 각 숫자가 한 번씩 들어가야 한다. 이러한 규칙을 충족하려면 각 감방에 몇 명의 범죄자를 배치해야 하는가? 시작에 도움이 되도록 가운데 감방에 여섯 명의 수감자를 배치했다.

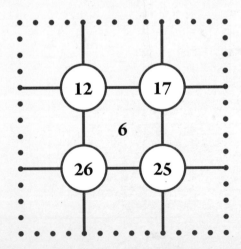

표를 완성하다

문제 해결

★ ★ ★

아래 그리드에서 유명한 러시아인의 이름을 찾을 수 있는가? 각 정사각형을 직선이나 직각으로 한 번씩 통과하면서 하나의 선처럼 이으면 된다. 화학에 대한 지식이 깊었던 셜록은 그의 열렬한 지지자였다.

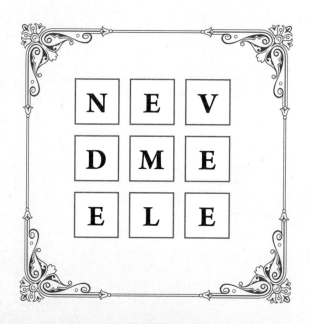

2-MINUTE
PUZZLE

멀 다닌 길
문제 해결

★ ★ ★

탐정으로 사는 동안 셜록 홈즈는 수많은 사건을 해결하기 위해 전국을 돌아다녔고 종종 왓슨 박사와 동행했다. 모든 영국 도시들을 누비는 이들의 여정을 완성할 수 있는가? 한 글자에서 인접한 글자로 이동하며(가로 또는 세로로) 모든 정사각형을 한 번씩 들러, 옆에 나열된 각 도시의 철자를 잇는 연속된 경로를 만들어가면 된다. 출발점은 진한 회색 정사각형이다.

바스 **Bath**
버밍엄 **Birmingham**
브리스톨 **Bristol**
캔터베리 **Canterbury**
더럼 **Durham**
엑서터 **Exeter**
글로스터 **Gloucester**
리즈 **Leeds**
런던 **London**
맨체스터 **Manchester**
노리치 **Norwich**
옥스퍼드 **Oxford**
셰필드 **Sheffield**
요크 **York**

E	T	S	E	C	U	O	L	G	Y
R	H	E	S	B	A	T	H	D	R
M	C	E	T	D	E	H	S	U	U
A	N	R	O	R	F	F	M	R	B
R	O	N	F	X	E	I	A	H	R
W	L	Y	K	O	L	D	N	T	E
I	O	O	R	O	N	C	A	E	E
C	T	R	B	L	D	O	N	L	D
H	S	I	M	A	H	G	M	R	S
E	X	E	T	E	R	N	I	I	B

서명 및 봉인

인지

★ ★ ★

왓슨은 홈즈와 함께한 최근 모험을 문서로 정리했고 조간에 실릴 수 있도록 지역 신문에 보낼 계획이다. 이들이 한 노력은 대중에게 엄청난 반응을 불러일으킬 것으로 보인다! 마지막 남은 작업은 봉투를 왁스 씰로 봉하는 것이다. 아래 스탬프는 위대한 탐정에 관해 쓴 왓슨의 모든 편지를 봉인하는 데 사용한 것이다. 스탬프를 찍고 왁스가 마르면 어떤 이미지가 남을까?

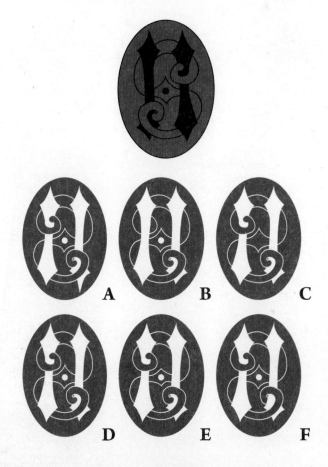

**5-MINUTE
PUZZLE**

보헤미안 랩소디

문제 해결

★ ★ ★

셜록 홈즈는 단편 소설 보헤미아의 스캔들에서 아이린 애들러와 마주쳤다. 그 이후로 왓슨은 홈즈의 다른 여자에 대해 들은 바가 없었다. 그는 "셜록 홈즈에게서 여자는 그 여자뿐이었다." 라고 말했다. 그녀의 기지와 영민함을 칭송하는 홈즈의 랩소디를 왓슨은 자주 들었다.

어느 특별한 날 왓슨은 셜록이 그녀의 이름을 언급할 때마다 기록으로 남겼는데, 그 총횟수에 놀랐다. 당신은 아래 그리드에서 애들러ADLER라는 단어를 몇 번 찾을 수 있는가? 가로 또는 세로로 붙어 있는 글자로 이동하며 찾는다.

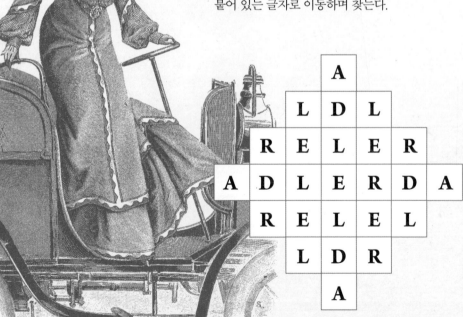

모든 단추 꿰매기

인지

★ ★ ★

최초의 전기 재봉틀은 19세기 말에 처음으로 개발되어 출시되었다. 그 전에 허드슨 부인은 셜록과 왓슨의 옷을 모두 손으로 수선해야 했다. 그런데 재봉틀 출시 이후에도 단추 꿰매기와 같은 일은 여전히 수작업이 편했다. 아래 그림을 살펴보라. 실 한 가닥에 수많은 단추가 얽혀 있어 허드슨 부인은 골치가 아프다. 이 실은 단추 구멍을 총 몇 번 통과하는가?

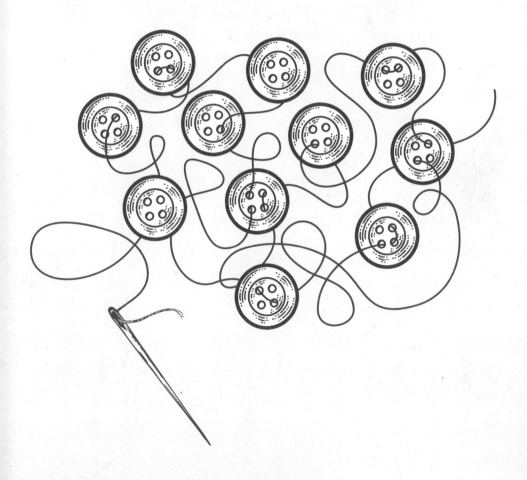

엎질러진 것에 대한 후회

문제 해결

★ ★ ★

허드슨 부인은 베이커 가 221B번지 하숙집에서 세 그룹의 손님들을 맞이했다. 부엌에서 손님들에게 대접할 쟁반을 세 개 준비한다. 각 쟁반에는 설탕 한 그릇, 우유 한 병, 그리고 차 한 주전자가 있다.

쟁반을 세팅하는 도중 세 그룹 중 한 그룹, 즉 레스트레이드 경감을 포함한 여러 경찰관들로 구성된 그룹이 아무런 말 없이 하숙집을 떠난다. 런던 경찰국에서 긴급 호출한 것으로 보인다. 허드슨 부인은 이제 남은 그룹에 차를 어떻게 배분할지 결정해야 한다. 차를 담아둘 수 있는 주전자는 단 세 개뿐이다. 각각 8리터, 5리터, 3리터 용량이며 현재 8리터, 0리터, 0리터로 채워져 있다. 모든 손님들이 만족스럽게 차를 마시려면 세 통에 각각 4리터, 4리터, 0리터의 차를 담으면 된다. 레스트레이드 일행이 떠난 지금, 한 개의 주전자는 필요하지 않기 때문이다. 허드슨 부인이 세 개의 주전자 외에 다른 것을 사용하지 않고 차를 정확하게 분배하기 위해서는 최소 몇 단계를 거쳐야 하는가? 차를 붓는 동안 흘리지 않는다고 가정하자.

8 liters

5 liters

3 liters

예리한 안목

인지

★ ★ ★

셜록 홈즈는 관찰력이 예리하기로 유명하다. 아래에 확대경이 겹쳐 진 그림을 잘 살펴보자. 이 중에서 한 개 이상의 혈흔을 보고 있는 확대경은 몇 개인가?

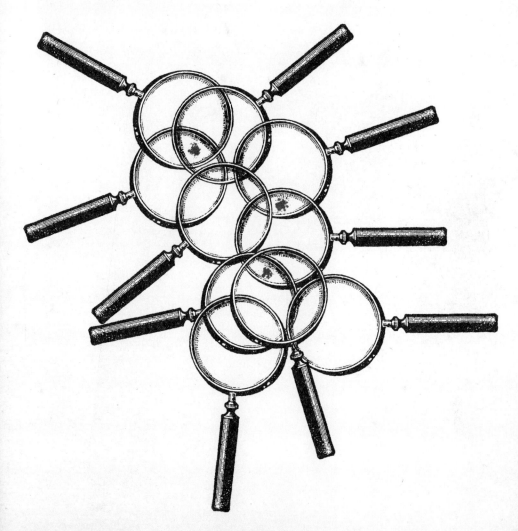

30-SECOND PUZZLE

긴 그림자를 드리우다

문제 해결

★ ★ ★

"**전**례문을 읽으면서 나는 그 수치가 문서의 나머지 부분이 암시하는 어떤 장소를 가리키고 있다는 확신이 들었지. 만약 우리가 그곳을 찾아낼 수 있다면 옛 머스그레이브 가문이 그토록 이상한 방식으로 보존하려고 했던 비밀이 무엇인지 알아낼 방법이 있으리라 생각했네."

홈즈와 왓슨은 보물이라고 믿은 것을 찾기 위해 오래전에 잘려나간 느릅나무의 그림자 길이를 계산해야 한다. 다행히도 머스그레이브는 나무가 베이기 전의 높이를 기억한다.

홈즈는 끈, 밧줄, 낚싯대를 이용하여 실제로는 없는 느릅나무 그림자 높이를 추론할 수 있다. "6피트[직립] 막대기를 땅에 세웠을 때 9피트의 그림자가 생긴다"고 할 때, 64피트 나무가 땅에 드리운 그림자 크기는 얼마인가?

소수
문제 해결
★ ★ ★

허드슨 부인, 왓슨, 홈즈는 말 몇 개와 주사위 두 개로 간단한 보드 게임을 하고 있다. 잠시 후 쉬는 시간을 갖는 동안 허드슨 부인이 차를 준비한다. 왓슨이 홈즈에게 다음과 같은 질문을 던진다.

"홈즈, 이건 보다시피 표준 육면체 주사위라네. 내가 주사위 두 개를 던졌을 때 두 주사위 합이 소수일 확률이 얼마나 되는가?"

"자, 왓슨, 답은 간단해!" 위대한 탐정이 대답했다.

런던 최고의 탐정은 역시 빠르게 풀었다. 당신도 2분 이내로 풀 수 있는가?

집을 안내해줄게요
문제 해결
★ ★ ★

왓슨은 집 창문 밖으로 베이커 가를 바라보다가 집마다 편지와 소포를 배달하고 있는 집배원을 발견한다. "홈즈, 같은 경로를 몇 번이고 반복해서 도는 건 조금 따분하지 않을까?"

"왜 안 그렇겠나, 왓슨. 그래도 일하는 동안 정신은 활기차게 유지하는 방법이 있어. 예를 들어 나는 이런 작은 바가텔을 해볼 걸세. 만약 내가 1번에서 100번까지 번호가 매겨진 집으로 배달을 간다면, 1을 몇 번이나 마주치게 될까? 예를 들어 11번 집에서는 1을 두 번 마주치게 되지. 이런 식으로 1이 있는 모든 집의 경우를 더하면 숫자 1을 총 몇 번 마주치는 것이 되는가?"

당신은 홈즈의 질문에 답할 수 있는가?

1-MINUTE PUZZLE

주사위 굴리기

인지

★ ★ ★

왓슨은 인지력 훈련을 하고 있다. 주사위 각 면에는 정사각형, 원, 삼각형, 다이아몬드, 하트 또는 별이 있다. 아래의 오른쪽 그림에서 주사위 전개도를 잘 살펴보자. 그런 다음 왼쪽 그림에서 화살표 방향에 따라 주사위를 마지막까지 돌린 후 주사위 맨 윗면에 어떤 기호가 있는지 알 수 있는가?

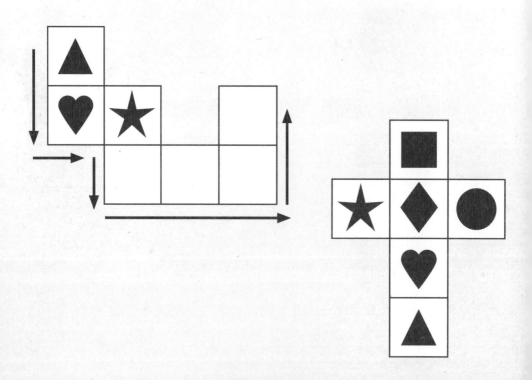

다채로운 색 탐구

인지

★ ★ ★

패턴 인식은 기민한 탐정이라면 누구나 배우고 발전시켜야 하는 핵심 기술이다. 셜록은 왓슨의 패턴 인식 능력을 시험하기 위해 아래 문제를 풀어보라고 했다. 그리드 안에는 무작위로 칠한 것 같은 컬러 정사각형 모음이 있다. 왓슨은 각각의 색깔 막대가 그리드 안의 어느 곳에 있는지 찾아야 한다. 셜록은 왓슨에게 색깔 막대를 모두 찾는 데 5분을 주었다. 당신은 왓슨과 같은 시간에 풀 수 있는가, 아니면 더 빨리 풀 수 있는가?

패턴은 가로, 세로 또는 대각선으로 놓여 있고 정방향 또는 역방향으로 놓일 수도 있다.

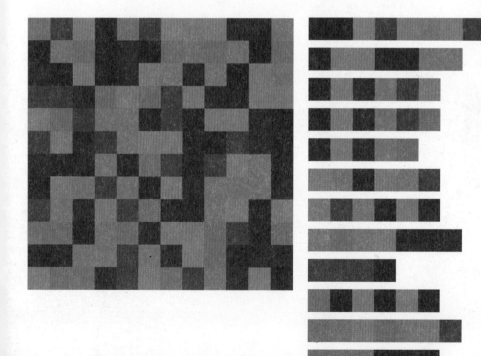

신원 도용

논리

★ ★ ★

레 스트레이드와 홈즈는 화요일 오후 13시 20분에 어느 뒷골목에서 발생한 강도 사건을 조사하는 중이다. 그러나 이 사건을 수사 중인 경찰관이 주는 정보는 그다지 명확하지 않다. 아래 내용이 경찰관이 기억하는 전부인데, 사건의 중요한 세부 사항을 노트에 하나도 적지 않은 것이다. 그는 용의자 다섯 명을 면담한 것은 확실하다면서 머리색을 유심히 보았고 이름, 나이, 알리바이를 물었다고 한다. 경찰관이 제공한 정보를 토대로 맞은편 하단 표에서 각 용의자의 머리색, 나이, 알리바이를 연결지어보자. 바로 위에 있는 상호-참조 그리드를 사용하면 도움이 될 것이다.

"에델은 이 그룹 중에서 두 번째로 어리다. 에드워드 역시 다섯 명 중 가장 어리지 않고 토마스처럼 45세도 아니다. 나이가 가장 어린 사람은 범행 당시 그들이 이륜마차 택시에 타고 있었다고 확신했다. 금발인 사람은 절도사건 당시 피아노 레슨을 받고 있었다고 말했고, 아서는 특정 시간에 정육점에서 고기를 고르고 있었다고 강력하게 주장한다. 에델은 빨간색 머리를 하고 있었고 갈색 머리인 사람은 공원에서 체스를 두지 않았다는 것을 나는 기억한다. 그러고 보니 갈색 머리인 사람의 이름은 에드워드였고 머리색이 가장 어두운 사람이 다섯 명 중 가장 나이가 많았다. 이게 내가 기억할 수 있는 전부이다."

신원 도용	정육점	체스	이름마차 택시	피아노 레슨	엉엉주택	18	21	32	45	63	검은색	금색	갈색	회색	빨간색
아서															
베르다															
에드워드															
에델															
토마스															
검은색															
금색															
갈색															
회색															
빨간색															
18															
21															
32															
45															
63															

이름	머리색	나이	알리바이
아서			
베르다			
에드워드			
에델			
토마스			

5-MINUTE PUZZLE

연결고리
문제 해결

★ ★ ★

사건마다 여러 왜곡과 반전이 있기 마련이지만, 잠재적 흉악범을 잡기 위해서라도 모든 증거를 연결하는 일은 중요하다. 당신은 이 연결고리 퍼즐을 완성할 수 있는가? 그리드의 모든 정사각형을 정확히 한 번만 지나야 하고, 교차하는 부분 없이 하나로 크게 연결된 고리를 만들어야 한다. 연결고리는 정사각형을 직선으로 통과하거나 그 안에서 직각으로 회전한다.

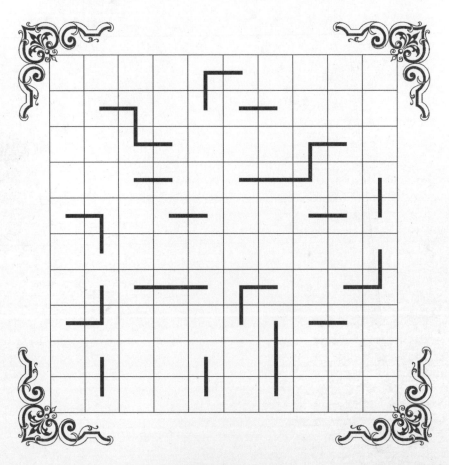

5-MINUTE PUZZLE

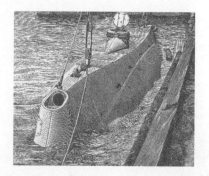

호수와 부두 아래에서

문제 해결

★ ★ ★

브루스-파팅턴호 설계도의 모험에서 아서 캐도건 웨스트의 시신과 함께 일곱 장에 달하는 비밀 잠수함 설계도가 발견된다. 하지만 세 장이 사라졌다. 이 소설에 나오는 이름과 장소를 살펴보고 잠수함 모양의 그리드에서 확인해보자. 당신은 두 개의 아나그램을 해독하여 살인자와 절도범이 누구인지 밝힐 수 있는가? 각 아나그램은 색깔로 구분되어 있다.

셜록 홈즈 **Sherlock Holmes**	시드니 존슨 **Sidney Johnson**	발렌타인 월터 **Valentine Walter**
마이크로프트 홈즈 **Mycroft Holmes**	휴고 오버슈타인 **Hugo Oberstein**	알드게이트 **Aldgate**
캐도건 웨스트 **Cadogan West**	존 왓슨 **John Watson**	로열 아스날 **Royal Arsenal**
제임스 월터 **James Walter**	피에로 **Pierrot**	울리치 **Woolwich**

```
                                                    V
                                                    A
                                                    L
                                          S    E    R
                                     X  B  I  N  O    Y
                                     N  U  D  T    Y  Y
                                  T  O  Q  N  I  A
                  P  N  I  W  R  V  Y  R  W  P  V  E  N  L  R  S  E
      W        O  K  L  A  N  O  S  T  A  W  N  H  O  J  Y  X  O  Y  E  A  U  O  S  M
      H  R     U  O  Y  T  S  E  W  N  A  G  O  D  A  C  S  T  D  P  J  W  R  P  E  U  F  E
      K  C     O  T  I  S  E  M  L  O  H  T  F  O  R  C  Y  M  A  P  T  I  O  O  A  S  T  U  W  T  T
      A  O  T  I  S  E  M  L  O  H  T  F  O  R  C  Y  M  A  P  T  I  O  O  A  S  T  U  W  T  T
      I  L  V  I  W  C  N  I  E  T  S  R  E  B  O  O  G  U  H  E  T  L  H  L  E  Y  W  A  R  D
      Y  K     R  L  F  P  T  C  R  T  L  B  I  V  U  O  R  P  Y  W  N  T  N  Q  G  L  E
      I  U        O  J  A  M  E  S  W  A  L  T  E  R  X  O  D  E  S  E  A  D  R  L
      L              O  S  E  M  L  O  H  K  C  O  L  R  E  H  S  O  R  L  U  J
                     W  E  Z  F  E  R  T  T  S  S  Q  P  C  U  N  A  G  U
```

해답

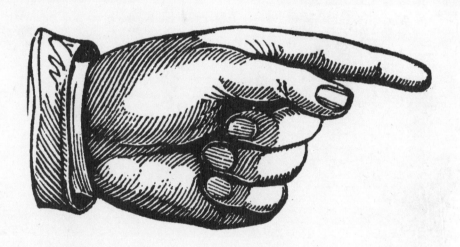

해답

PAGE 8
블라인드 데이트

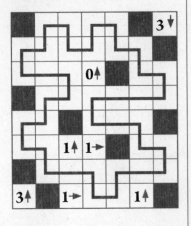

PAGE 9
사라진 닭

16마리의 닭.
+1, +3, +1, +3 등의 수열이
적용된다.

PAGE 11
그림펜 늪지대

PAGE 10
붉은-머리의 남자

이름	머리색	직업
던컨 로스	밝은 주황색	조수
자베즈 윌슨	불타는 빨간색	전당포 주인
빈센트 스폴딩	짙은 고동색	의사

PAGE 12

어디 있는가, 왓슨?

```
W W W S      O A O O      S W N T
A O A S      A O O O      A S T A
T A T T      W S O O      O A T N
S O O O      W T A A      W O W W
A A N N      A A T T      O A N S
N T S T      A W S S      A O W T
W W O A      A W A N      W O A O
A N T S      N W A W      N W O S
A N N N      A S O T      A T O A
S W W S      W N S A      A O A N
T O W O A S N S W A W W T W T O T N O O
S W A T S O T S W W S S T T S S W S A N
S O A N O W T N O T S A W T T A T S A S
W N A W N S T S O S O S A T S A A W T O
T W T N W W S O S A N A W T W S A W A O
```

PAGE 13

고삐를 꽉 잡아

1) 로스 대령
2) 퍼길리스트
3) 싱글포드 경
4) 발모랄 공작
5) 데스버러

PAGE 14

셜록 경의 작위 수여

25	84	27	2	23	80	43	16	21	18
28	3	24	79	86	1	22	19	42	15
83	26	85	30	81	78	95	44	17	20
4	29	82	87	96	91	74	77	14	41
67	88	31	92	75	98	63	94	45	72
32	5	68	97	90	93	76	73	40	13
55	66	89	60	69	64	99	62	71	46
6	33	56	65	100	61	70	49	12	39
57	54	35	8	59	52	37	10	47	50
34	7	58	53	36	9	48	51	38	11

PAGE 15

문에서 문으로

올바른 순서는 왼쪽에서 오른쪽으로 파란색, 흰색, 빨간색, 검은색, 초록색, 노란색, 갈색이다.

PAGE 16

삶과 죽음의 문제

수요일

PAGE 17
깨진 조각
조각 D.

PAGE 20
폭풍에 휩쓸린
여전히 24마리의 소를 가지고 있다.
단 안타깝게도 이 중 일부는 죽었다.

PAGE 21
별들의 명소
56개. 셜록 홈즈의 원작은
아서 코난 도일이 쓴 56편의
단편 소설과 4편의 장편 소설로
구성되어 있다.

PAGES 18-19
개집에서

PAGE 22
머나먼 다리

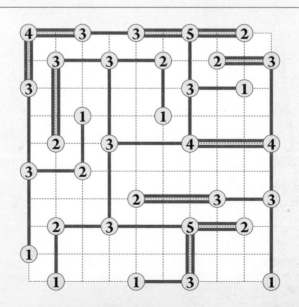

PAGE 23
진품 가품
두 번. 저울을 사용하기 전에 다이아몬드를 세 개씩 세 그룹으로 나눈다. 그런 다음 세 그룹 중 두 그룹의 무게를 잰다. 만약 저울의 균형이 맞지 않는다면, 더 가벼운 세 개의 다이아몬드 그룹에 위조품이 들어 있다는 것을 알 수 있다. 만약 저울이 균형을 이룬다면, 아직 무게를 재지 않은 세 개의 다이아몬드 그룹에 모조품이 들어 있다는 것을 알 수 있다. 따라서 저울을 한 번 사용함으로써 다이아몬드 세 개로 범위를 좁힐 수 있다. 이제 그 세 개가 있는 그룹에서 두 개의 보석을 고른다. 만약 균형이 맞는다면, 남은 보석이 모조품이다. 균형이 맞지 않는다면, 더 가벼운 보석이 모조품이다.

PAGE 24
빛나는 생각
밧줄 A.

PAGE 26
고대 언어
순서대로 숫자
1, 2, 3, 4, 5, 6의
숫자 자체와 그 비친 모습이
결합한 것이다.

PAGE 25
피라미드 구조
범인의 직원 번호는
931이었다.

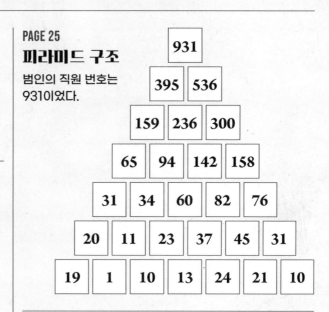

PAGE 27
떨어진 파이프
파이프 C.

PAGE 28

멋진 그림

다 풀면 사냥 모자의
간단한 이미지가 나온다.

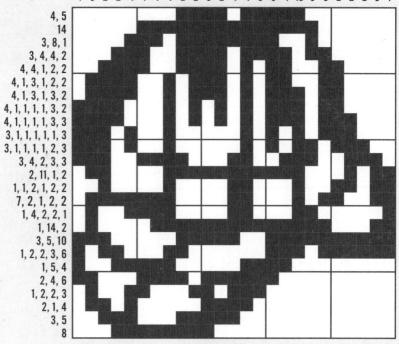

PAGE 29

목표 연습

24, 39, 41 = 104
13, 21, 22 = 56
28, 38, 48 = 114

PAGE 30

한 마리
말을 찾아

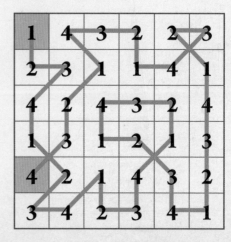

PAGE 31
마스터 키
열쇠 T만 자물쇠에 맞을 것이다.

PAGES 32-33
배가 들어올 때

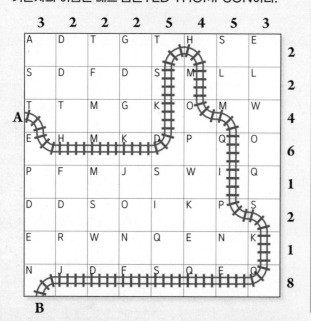

PAGES 34-35
직각 선로에서
기관사의 이름은 테드 톰슨TED THOMPSON이다.

PAGE 36
위조하기
위조범 일당이 제작한 방패 무늬에는 사자가 네 마리 있는데, 영국 실링에는 사자 세 마리가 있다.

PAGE 37

주사위 굴리기

각각의 확률은 36가지 중 4(5가 나올 확률), 36가지 중 2(11이 나올 확률), 36가지 중 6(7이 나올 확률), 36가지 중 4(9가 나올 확률)이다.

그러므로 11이 나온 다음 5가 나올 확률은 2/36×4/36 = 8/1296 = 1/162이다.
7 다음에 9가 나올 확률은 6/36×4/36 = 24/1296 = 1/54이다.

그러므로 마이크로프트가 굴리는 것은 셜록이 굴리는 것보다 확률이 세 배 더 높다.

죄악의 방

남자는 화장술로 방에 앉아 있는 거지로 순식간에 변장하여 아내조차 자신을 알아보지 못하게 했다. 이것은 〈입술이 비뚤어진 남자〉에 나오는 내용으로, 아내는 남편이 도시에서 꽤 괜찮은 직업을 가진 것으로 알고 있지만 남편인 네빌 세인트클레어는 돈 버는 방법(구걸)을 아내에게 숨겨왔다.

PAGE 38

시계 보기

이름	브랜드	줄의 종류
백스터	엘리트	은색
클리포드	이그제큐티브	가죽
어니스트	익스클루시브	금색

PAGE 39

중요한 논란거리

두 명의 조카 모두 다섯 명의 자녀를 두고 있다.
둘째 조카의 딸 네 명에게는 각각 (같은) 남동생이 있는 것이다.

PAGE 40

경주용 자전거

평균 속도는 시속 18마일이다.
속도=거리/시간, 3분 20초=한 시간 3600초 중 200초로, 시간당 1/18로 약분된다.
따라서 속도는 1/(1/18) = 18mph이다.

PAGE 41

꼭꼭 숨긴 비밀

설렁줄 D.

PAGE 42

암호 해독 금고 암호: = % + ?

?	#	@	!	%	£	=	+	&
%	&	£	+	@	=	#	?	!
+	=	!	?	&	#	@	%	£
=	!	#	%	£	@	+	&	?
£	%	+	#	?	&	!	@	=
&	@	?	=	!	+	£	#	%
!	+	%	£	#	?	&	=	@
#	£	&	@	=	%	?	!	+
@	?	=	&	+	!	%	£	#

PAGE 43
단지 사소한 일
1) 2개
2) 라즈베리와 딸기
3) 4큰술
4) 소형

PAGE 44
금괴를 찾기 위한 굴착
30상자.

PAGE 45
합당한 대가
이 사건에 대한 셜록의 수임료는 21파운드이다.

8	×	4	+	3	35
×		×		×	
1	×	6	×	5	30
+		+		−	
2	×	9	×	7	126
10		33		8	

PAGE 46
반복 수행
왓슨Watson.

아찔한 높이
1층 창문 밖으로 뛰어내린 것이었다.

PAGE 47
같은 종류 네 개

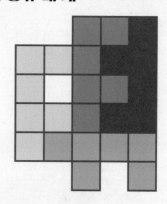

PAGE 48
자국 남기기
존 터너John Turner (성의 철자가 밑창의 다양한 무늬로 숨겨져 있다.)

PAGE 49
세 학생의 모험
동쪽으로 3마일.

PAGE 50
오래된 모자
모자 B.

PAGE 51
발자국이 관건
나머지 두 용의자의 신발 사이즈는 8과 12였다.

PAGE 52
위기에서 벗어나

PAGE 53
부분의 합

사냥 모자 = 5, 파이프 = 7, 확대경 = 11.

PAGE 54
깊은 물속

PAGE 55
거짓 신원

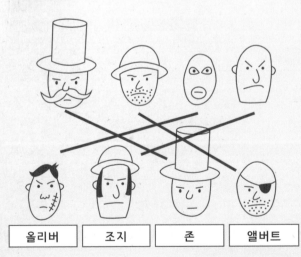

| 올리버 | 조지 | 존 | 앨버트 |

PAGE 56
생일 축하합니다, 허드슨 부인!

50세.

PAGE 57
석방 날짜

그가 감옥에 들어간 날짜는 7월 1일이다. 날의 수가 같은 연속된 달(달력 연도상)은 7월과 8월뿐이기 때문이다. 따라서 그는 9월 6일에 석방되었다.

PAGE 58
사라진 인물

사라진 인물은 애들러ADLER이다.

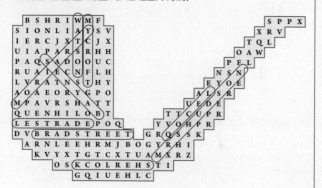

PAGE 59
머릿속에 다 담아

1) 여섯 개
2) 확대경
3) 사냥 모자
4) 바이올린
5) 사냥 모자

PAGE 60
어느 의사요?

이름	머리색	나이
화이트 선생님	빨간색	40
우드 선생님	금색	35
라이트 선생님	검은색	45

PAGE 61
혈액 성분 검사

단서는 제목인 "혈액 성분 검사"에 있다. 각 글자가 나타나는 횟수를 혈액 성분의 수치를 산정하듯이 세어야 한다. "J"가 가장 적게 나타나고 "N"이 가장 많이 나타난다. 가장 적은 수의 글자부터 많은 수의 글자 순으로 나열하면, 짐 브라운JIM BROWN이 된다.

PAGE 62
악당 소굴

은행원만이 공동 주택에서 유일한 남성이었다. 그들은 어떤 남성이 집을 털었다는 것을 알았기 때문에 여성인 제빵사, 정육점 주인 및 교사를 제외할 수 있었다.

PAGE 63
술 취한 선원

88	7	46	49	86	9	44	73	94	11
47	50	87	8	45	82	93	10	43	72
6	89	48	81	92	85	74	95	12	99
51	80	65	90	75	96	83	**100**	71	42
64	5	78	59	84	91	76	57	98	13
79	52	61	66	77	58	97	70	41	56
4	63	32	53	60	67	18	55	14	69
31	34	29	62	**1**	54	23	68	19	40
28	3	36	33	26	17	38	21	24	15
35	30	27	2	37	22	25	16	39	20

PAGE 65
위장 카메오
셜록 홈즈가 드러난다.

PAGE 64
탈옥
죄수는 아래 그림에서 보듯이 감방의 외부경계 바로 앞까지 움직일 수 있다. 그는 감방 바로 바깥에 서 있는 교도관의 뒷주머니에서 쇠고랑과 감방의 열쇠를 꺼내고 교도관이 교대하기를 기다렸다가 탈옥했을 가능성이 있다. 그림에서 쇠고랑과 같은 길이의 실을 잘라 원의 중앙에 고정해보면 눈에 잘 들어올 것이다.

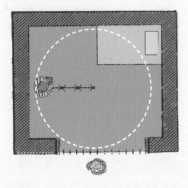

PAGE 66
성직자의 식탁보

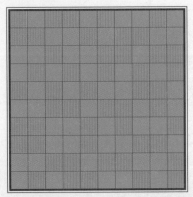

PAGE 67
피아노 포르테
1847.

연쇄 소매치기
37명. 패턴은 월의 숫자에 그 날짜의 숫자를 더하는 것이다. 따라서 25+12=37이다.

PAGE 68
시험관
숫자는 화학원소인 산소, 황, 탄소 및 아르곤의 원자 번호를 나타낸다. 기호는 O, S, C 및 Ar로 여기에서 셜록이 추론한 이름은 오스카Oscar이다.

PAGE 70
망을 보며

PAGE 69
생각 기차
배스.
거리 = 속도 × 시간.
53.5mph × 2¼시간 = 120.4마일, 소수점 이하 한 자리까지.

PAGE 71
파이프 세트
1) 왓슨
2) 레스트레이드
3) 홈즈
4) 그렉슨

PAGE 72
담배 분말
셜록은 B 봉지를 선택해야 한다.

PAGE 73
멈춰버린 시계
2,225초 또는 37분 5초 걸린다. 직접 덧셈을 해도 되고 등차수열 공식을 세울 수도 있다. S = n/2 × (2a + (n-1)d), 여기서 S는 총합, n은 항의 수(50), a는 첫 번째 항(20), 그리고 d는 항 사이의 차(1)이다. 따라서 25×89의 답, 즉 2,225가 나온다.

PAGE 74
누군가를 겨냥함
마이크로프트Mycroft,
셜록의 형이다.

PAGE 75
상자 조립
B, C, F.

PAGE 76
램프 불빛 속 여인
B.

PAGE 77
토탈 리콜
1) 가스 불꽃
2) 은색 밴드
3) 7실링 6펜스
4) 근육질인, 힘이 넘치는

PAGES 78-79
등장인물 테스트

```
        L E S T R A D E      H
W   J   Y             A      U
I   O   O         A          D
G   N   N         D O U G L A S
G R E G S O N     L          O
I   S             E          N
N       M Y C R O F T
S M I T H         O          W
    O   L         R          A
  S   L       F E R R I E R  R
  H   M   S       E          R
  O   E   T       S          E
  L   S T A P L E T O N      N
  T   R           E
P O R L O C K   M O R S T A N
```

PAGE 80
지하에 깔린 것

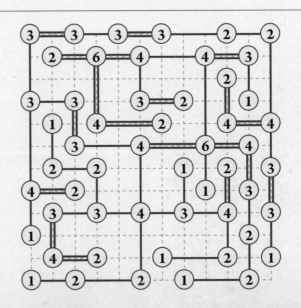

PAGE 81
덫 문

PAGE 82
운명의 날짜

살인범은 1895년 12월 27일에 다음 범행을 저지를 것이다.

2	8	6	5	4	1	3	9	7
5	7	4	3	2	9	6	1	8
9	3	1	6	8	7	5	4	2
7	4	5	2	6	3	1	8	9
3	9	8	4	1	5	7	2	6
1	6	2	7	9	8	4	3	5
6	2	3	8	5	4	9	7	1
8	1	7	9	3	6	2	5	4
4	5	9	1	7	2	8	6	3

PAGE 83
다섯 개의 오렌지 씨

0번. 사과나무는 한 그루도 기르지 않았다. 그는 오렌지 나무를 기르려고 했다!

PAGE 84
시간 대결

홈즈와 왓슨이 먼저 패딩턴 역에 도착할 것이다. 두 사람은 45분 걸리고 범인은 48분 걸릴 것이다.

수감

10명. 신중하게 생각하지 않으면 200이라고 답하기 쉬울 것이다!

PAGE 85
기차표 맞아요
리즈Leeds. 티켓을 접어서
두 숫자를 붙이면 목적지가
나온다. 잘 접으면 15515와
12269가 lEEdS가 된다.

PAGE 86
새로운 시각

0	0	0	3	0	5	3	2
1	4	6	6	4	5	4	5
2	6	5	6	3	1	5	2
0	3	5	0	3	2	6	4
5	2	1	2	1	2	6	4
2	6	1	0	3	4	5	4
3	1	4	1	1	6	0	3

PAGE 87
순서, 순서!
편지의 맨 밑에 있는 숫자에 따라 글자를
정렬해야 한다. 그러면 해리 윌슨HARRY
WILSON이라는 이름이 나온다.

PAGE 88
살얼음판
따뜻한 물은 필요하지 않다.
얼음이 녹기를 기다리기만 하면 도난당한
물건을 되찾을 수 있다.

PAGE 89
마지막 단어
"레이첼Rachel"이라는 단어는
여덟 번 등장한다.

```
C E E A L R H R L R R A A
A L R L C E H L A L L C C
E R C A R A H R A A C R R
C H C C C A E C R R A L C
L E H C A R C C A C H R L
R R E L R C E H H R A H H
A A A C E R E E C C H H L
C C H C H L H H C H C C L
H E H H R C E C E L H E
E E L E E C L E R H C L H
L L C H E L E H C A R L H
A H L C R L L C C L H L E
R A E C H A A H A E C C H
```

PAGE 90
모두 있긴 한데 잘못된

O	S	H	M	E	L
E	H	M	S	L	O
S	M	L	E	O	H
H	O	S	L	M	E
M	L	E	O	H	S
L	E	O	H	S	M

PAGE 91
옷차림 오작동

네 개. 옷장에는 신발 색이 세 가지밖에 없다. 따라서 처음에 다른 색의 신발 세 개를 꺼냈다면, 네 번째 신발은 이미 꺼낸 세 개의 신발 중 하나와 같은 색이게 된다.

PAGE 92
설거지하기

포크 18개와 스푼 45개.

PAGE 93
네 개의 숫자

남은 숫자는 1890이다. 이는 **네 개의 서명**이 출판된 해이다.

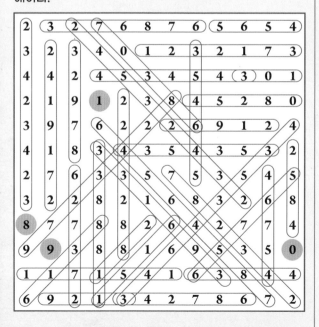

PAGE 94
거울상

C.

PAGE 95
바코드

아치볼드 위버Archibald Weaver. 왼쪽에서 오른쪽으로 읽으면, 진한 정사각형은 글자를 숨겨야 함을 나타내고, 흰색 정사각형은 글자를 유지해야 함을 나타낸다. 위쪽 사각형들은 텍스트의 첫 번째 줄에 적용되며 "아치볼드Archibald"를 나타내고, 아래쪽 사각형들은 텍스트의 두 번째 줄에 적용되어 "위버Weaver"를 나타낸다.

PAGE 98

서류 처리

두 장의 종이에는 각각
"세바스티안Sebastian"과
"모란Moran"이라고 쓰여
있었다. 세바스티안 모란은
전직 군인으로 현재 모리아티에게
고용되어 있다.

PAGE 99

무너진

19개.

PAGE 100

원점으로 돌아오다

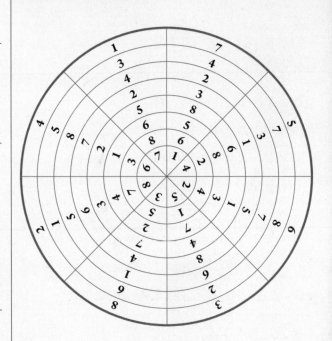

PAGE 101

바람과 함께 사라지다

1	5	6	2	4	3
3	2	5	6	1	4
4	3	1	5	6	2
2	6	3	4	5	1
5	1	4	3	2	6
6	4	2	1	3	5

PAGES 102-103
책 속의 모든 마법

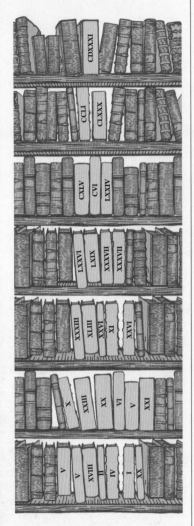

PAGE 108
단조롭고 고된 일

11개의 울타리 기둥.
얼핏 생각하면 10개 같지만
아니다.

PAGES 104-105
기본 상식

1) 정치학
2) 정확하지만 체계가 없음
3) 세 가지
4) 싱글스틱, 권투, 검술
5) 편차가 큼

PAGE 106
사자굴에서

여성은 동물원에 놀러갔고,
사자는 우리 안에 있었다.

PAGE 107
다듬어지지 않은 다이아몬드

17파운드.

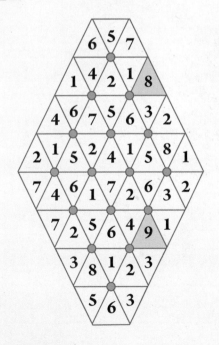

PAGE 109
바다에서 실종된

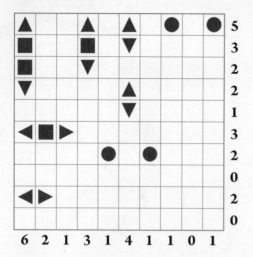

PAGE 110
험한 물의 다리

PAGE 111
적을 알라
140cm와 145cm.

PAGE 112
민트 취향
35개의 초콜릿이 있는데, 밀크 초콜릿으로 덮인 민트를 먹고 싶기 때문에 10/35만 만족할 것이다. 따라서 실망할 확률은 25/35, 또는 5/7이다.

사랑의 헛수고
9월 13일.

PAGE 113
보조 바이올린 연주하기
바이올린 C가 다른 하나이다.

PAGE 114

샅샅이 찾기

사냥개 15마리가 필요하다.
삼각형의 면적(0.5×13×18×sin39°)을
계산하면 73.6㎡이 나온다.

PAGE 115

법률 서신

모리아티Moriarty. 타자기를 자세히 보면
모리아티Moriarty라는 이름의 철자 키가
다른 키보다 훨씬 더 많이 닳아 있음을
알 수 있다. 편지에 서명하기 위해 자신의
이름을 수백 번 타이핑해왔기 때문에
더 많이 닳았다.

PAGE 116

영혼의 피난처

5월 25일. 단서에 나오는
아닌 날짜를 모두 지워나가면
된다.

PAGE 117

활짝 열어

그의 눈.

네 인생의 시간

12.5년.

PAGE 118

셜록이 거닐다

3시간.
180(분)은 12, 18, 30의
최소공배수이다.

PAGE 119

의견 일치

맥도널드MacDonald가 그리드에 없다. 그러므로 회의에
참석하지 않은 한 사람이다.

PAGE 120
차 한 잔 마실 시간

264잔: 4×3×14 (처음 14일) 및
2×3×16 (6월의 나머지 기간),
총 264잔의 차.

PAGE 121
약간의 조립을 요함

타워 브리지

PAGE 122
시간과의 싸움

각각 11분씩 지속되는 15번의 경기가 있다: 165분. 그러므로 권투는 1시 45분에 끝난다. 집에
가는 30분을 더하면 2시 15분에 베이커 가로 돌아와야 한다. 약속 시간인 2시 30분에 딱 맞다.

PAGE 123
네 개의 서명

PAGE 124
진흙처럼 분명한

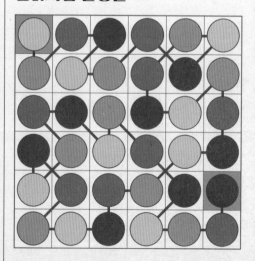

PAGE 125
자전거를 타고

5분. 숫자의 최소공배수를 계산하고 싶은 유혹에 빠질 수 있다. 하지만 질문에서 모두 5분 안에 정해진 바퀴 수를 완주한다고 명시하고 있기 때문에 필요하지 않다.

PAGE 126
보석이 박힌

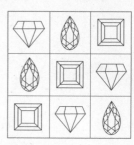

PAGE 127
따분해 죽겠네

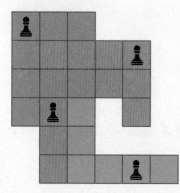

PAGE 128
은행을 털다

테일러 씨의 은행에서 200파운드, 윌리엄스 씨의 은행에서 700파운드.

PAGE 129
빛을 밝히라

성냥!

PAGES 130-131
한 번에 한 칸씩

짧은 바늘(시침)은 이동해야 할 칸 수이고 긴 바늘(분침)은 이동할 방향(북, 동, 남, 서)이다. 따라서 첫 번째 시계는 북쪽으로 다섯 칸 이동하라는 의미다. 별이 들어 있는 B10을 파야 한다.

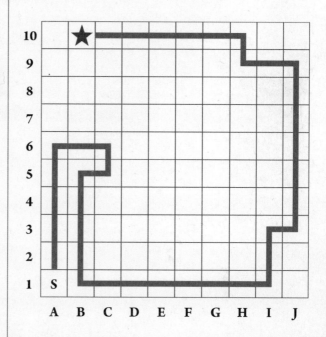

PAGE 132
링 베어러
아이린 애들러Irene Adler.

PAGE 133
죽음을 알리는 편지
1) 3
2) 가구
3) J
4) 12시 이전 아무 때나
5) 성심을 담아

PAGE 134
같은 짝의 패
다이아몬드 3과 하트 6의 위치가 바뀌었다.

PAGE 135
모두 더하다
자전거: 5, 카메라: 8, 현미경: 1, 페니 블랙: 3.

PAGE 136
한 단계 한 단계
미로를 통과하는 길은 많다. 하지만 가장 빠른 경로는 점으로 표시된 여덟 단계(시작 정사각형에서 일곱 번 이동)이다.

PAGE 137
스펠링 비
진한 칸의 A.C.D.는 아서 코난 도일Arthur Conan Doyle의 이니셜이다.

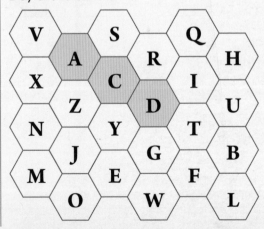

PAGES 138-141
철통 보안 및 범죄 발생 분석
고난도 문제의 해답은 책 마지막 페이지에 있습니다.

PAGE 142
펜의 실수

PAGE 143
연쇄 반응

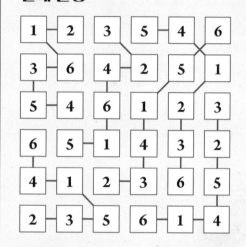

PAGE 144
사선에서

회색 정사각형이
안전하게 대피할 수
있는 유일한
장소이다.

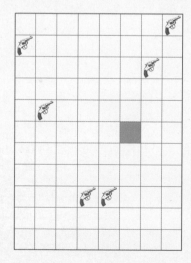

PAGE 145
자세히 읽어봐

용 대신 고양이로 잘못
인쇄되었다.
나머지 동물들은
띠를 나타내는 십이간지가
순서대로 있는 것이다.

PAGE 146
이륜마차 택시

525퍼센트.

단어 이상의 의미

암호의 각 행은 각각 7:12, 21:52 및 13:07
으로 시각을 나타낸다. 이는 갱단 구성원이
역을 떠나길 원하는 시각이다. 그들은 각자의
기관차가 도착할 때까지 경찰을 피하기만 하면
된다. 레스트레이드 경감은 이 시각이
범죄자들이 패딩턴 역을 떠나려는 때임을
간파하고 역에 있는 경찰관들로 하여금
범죄자들이 기차에 탑승하려 할 때 체포하게
해야 할 것이다.

PAGE 147
성당으로 이끌러

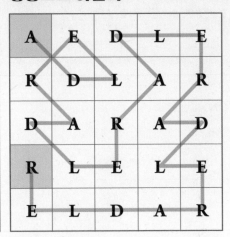

PAGE 148
배는 이미 떠났다

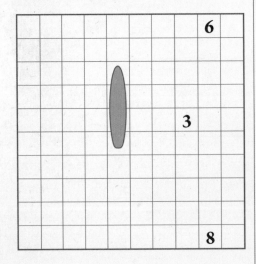

PAGE 149
무게를 재봐

별: 54(이미 표시됨), 물방울: 22, 양초: 10.

PAGE 150
시리즈 책

426과 1706. 커지는 수열 패턴은 4를 곱한
다음 2를 더하는 것이다.

PAGE 151
책이 알리바이

실제로 세 명의 여성이 있었다.
그들은 할머니와 딸, 그리고 손녀였다.
할머니의 딸은 딸인 동시에 엄마이므로
두 명의 엄마와 두 명의 딸이 있는 것이다.
할머니도 누군가의 딸이기 때문에 가정부는
심지어 두 명의 엄마와 세 명의 딸이 있다고
말할 수도 있었다!

PAGES 152-153

해트트릭

왓슨과 허드슨 부인은 로열 아케이드 모자 가게에서 셜록의 새 모자를 사야 한다.

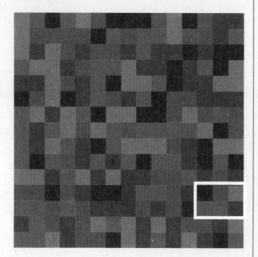

PAGE 154

슬라이드 기둥

홈즈Holmes, 왓슨Watson, 허드슨Hudson.

책장을 넘겨

74페이지.

PAGE 155

3목 두기 게임

X	O	X	X	O	X	O	X	O	O
O	X	X	O	O	X	X	O	O	X
O	X	O	X	X	O	O	X	X	O
X	O	O	X	O	O	X	X	O	X
X	O	X	O	O	X	O	O	X	X
O	X	X	O	X	X	O	O	X	O
O	X	O	X	X	O	X	X	O	O
X	O	X	O	X	O	O	X	O	X
X	O	X	O	X	X	X	X	O	O
O	X	O	O	X	O	X	O	X	X

PAGE 156

천이라고

102를 10^2으로 바꾸면 답은 1,000(10×10²)이 된다.

분명한 날짜

1898년은 윤년이 아니었으므로 정답은 1898년 2월 19일이다.

PAGE 157
단단히 잠긴

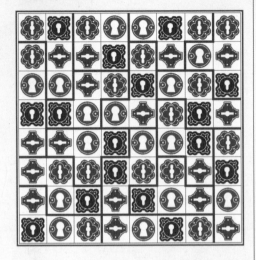

PAGE 158
ABC만큼 쉬운

	B	A		B	
C	B		A		A
A		A	C	B	
C		C	B		A
B	B	A		C	C
A	A		C	B	B
	A	A		C	

PAGE 159
게임 속 이름

PAGES 160-161
현장 뒤에서

PAGES 162-163
규율과 소란

성씨	직업	외모	휴식 시간
베넷	사무	콧수염	오후 2시
휴즈	경비	갈색 눈	오후 1시 45분
스미스	순찰	키가 매우 큼	오후 1시 30분
워드	탐문	턱수염	오후 1시
라이트	인터뷰	흉터	오후 12시

PAGE 164

바퀴의 재발견

브루넬Brunel, 공학자 이삼바드 킹덤 브루넬Isambard Kingdom Brunel의 성이다.

진실의 순간

"그렇소"라고 말한 사람을 체포해야 한다. 항상 진실을 말하는 형은 동생이 항상 거짓말을 한다는 것을 알고 있기 때문에 동생이 "아니오"라고 대답할 것이라고 진심으로 대답한다. 항상 거짓말을 하는 동생은 형이 "아니오"라고 말할 줄 알기 때문에 "그렇소"라고 거짓말을 한다.

PAGE 165

숫자 계산하기

PAGE 166

부지 구성

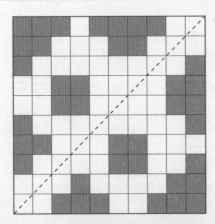

PAGE 167

금고 번호

숫자는 13, 21, 34, 55, 89 그리고 144이다. 피보나치 수열을 따르며, 각 숫자는 앞의 두 숫자의 합이다.

PAGES 168-169
전체 그림

턱수염이 덥수룩한 숙박 손님은
사실 변장을 한 여자였다.
그래서 홈즈와 왓슨이 그렇게
놀랐던 것이다.

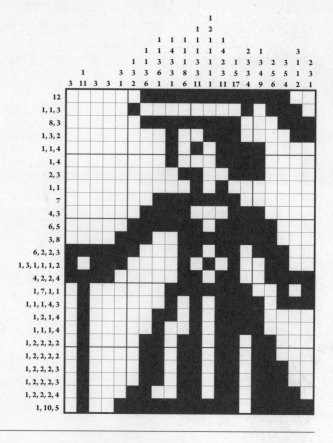

PAGE 170
뇌세포

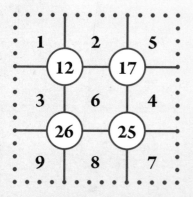

PAGE 171
표를 완성하다

멘델레예프Mendeleev.
드미트리 멘델레예프Dmitri Mendeleev는
원소 주기율표를 만든 것으로 유명하다.

PAGE 172
덜 다닌 길

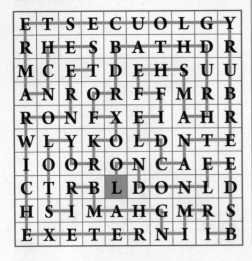

PAGE 173
서명 및 봉인
보기 D.

PAGE 174
보헤미안 랩소디
애들러Adler 17번 나온다.

PAGE 175
모든 단추 꿰매기
18번.

PAGE 176
엎질러진 것에 대한 후회
일곱 번이 가장 효율적이다. 아래 표에는 각 단계가 끝날 때마다 각 주전자에 담긴 차의 양이 기록되어 있다.

단계	주전자 1 <8리터 용량>	주전자 2 <5리터 용량>	주전자 3 <3리터 용량>
1단계	3	5	0
2단계	3	2	3
3단계	6	2	0
4단계	6	0	2
5단계	1	5	2
6단계	1	4	3
7단계	4	4	0

PAGE 177
예리한 안목
일곱 개.

PAGE 178
긴 그림자를 드리우다
닮은 삼각형으로 대응하는 변의 비율이 같다. 따라서 느릅나무 그림자 크기는 96피트가 된다.

PAGE 180
주사위 굴리기
표시된 경로의 순서: 다이아몬드, 정사각형, 삼각형, 별.

PAGE 181
다채로운 색 탐구

PAGE 179
소수
두 주사위 합이 소수일 확률은 15/36, 즉 5/12이다.

집을 안내해줄게요
21번.

PAGES 182-183
신원 도용

이름	머리색	나이	알리바이
아서	검은색	63	정육점
베르다	금색	45	피아노 레슨
에드워드	갈색	32	공공주택
에델	빨간색	21	체스
토마스	회색	18	이륜마차 택시

PAGE 184
연결고리

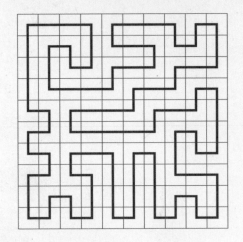

PAGE 185

호수와 부두 아래에서

아나그램은 "오버슈타인"(살인자)과 발렌타인 월터(절도범)
이다.

고난도
문제 해답

철통 보안

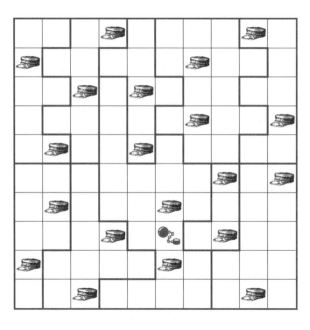

PAGES 140-141

범죄 발생 분석

퍼즐을 풀고 9가 있는 사각형과 같은 위치에 있는 두 번째
그리드의 사각형을 형광펜으로 칠한다.
맥도널드MACDONALD라는 이름이 나온다.
이는 셜록 홈즈 이야기 속 등장인물인 알렉 맥도널드Alec
MacDonald 경감을 가리킨다.

6	4	2	7	1	9	5	3	8
4	5	7	2	8	3	1	9	6
9	2	8	1	6	7	3	5	4
2	1	4	5	3	8	6	7	9
1	3	9	8	7	5	4	6	2
7	6	5	9	2	4	8	1	3
5	8	3	6	9	2	7	4	1
8	7	6	3	4	1	9	2	5
3	9	1	4	5	6	2	8	7